PADRE MARCELO ROSSI

Ágape

EDITORA
GLOBO

Todas as citações do Evangelho de São João foram retiradas da *Bíblia Sagrada Ave-Maria* da Editora Ave-Maria, que gentilmente as cedeu para esta obra.

Trecho sobre Irmã Dulce (p. 104-105) extraído de Passarelli, Gaetano. *Irmã Dulce – o anjo bom da Bahia*. São Paulo: Paulinas, 2010.

Preparação de texto: Bruno Martins
Revisão: Ana Maria Barbosa e Beatriz de Freitas Moreira
Projeto gráfico e diagramação: Crayon Editorial
Direção de arte e capa: Paula Astiz
Foto de capa: Eduardo Barillari

1ª edição, 2010
9ª reimpressão

**Os direitos autorais do autor serão
revertidos para a construção do novo santuário**

Texto fixado conforme as regras do Novo Acordo Ortográfico da Língua Portuguesa (Decreto Legislativo nº 54, de 1995).

Dados Internacionais de Catalogação na Publicação (CIP)
(Câmara Brasileira do Livro, SP, Brasil)

Rossi, Marcelo
    Ágape / Marcelo Rossi. -- São Paulo : Globo,
2010.

    ISBN 978-85-250-4895-0

    1. Amor - Aspectos religiosos - Cristianismo
2. Deus - Amor I. Título.

10-08283   CDD-241.4

Índices para catálogo sistemático:
1. Amor ágape : Virtude : Aspectos religiosos :
Cristianismo 241.4

Direitos da edição em língua portuguesa
adquiridos por Editora Globo S.A.
Av. Jaguaré, 1485 – 05346-902 – São Paulo – SP
www.globolivros.com.br

Ágape

Aos meus pais Vilma e Antônio
Ao meu saudoso avô Alfredo
Às minhas irmãs Martinha e Mônica
Aos meus sobrinhos Lucas e Matheus
Aos meus tios Ede e Wilson
Ao meu padrinho Sérgio

Porque família é tudo.

Agradecimentos

Ao meu bispo, meu eterno mestre,
DOM FERNANDO ANTÔNIO FIGUEIREDO

Aos meus inspiradores,
TIA LAURA
MONSENHOR JONAS ABIB

Ao meu irmão querido,
GABRIEL CHALITA

Sumário

Prefácio

Ágape é o amor incondicional, o amor generoso, o amor sem limites; puro, livre!

Estamos acostumados a viver em um mundo em que as pessoas agem na expectativa de reciprocidade. A ação traz uma reação. Infelizmente, não se encontra sabor em relações desinteressadas. A suposta amizade vive de expectativas.

O que o outro pode me proporcionar?

Que ganho haverei de ter ao ir a tal evento?

Quem é fulano?

O que ele faz?

É filho de quem?

Tempos em que os adornos valem mais do que o essencial. Tristes tempos. As amizades interesseiras têm prazo de validade. As relações são inconsistentes. É comum, em um círculo de amigos, cada qual falar de si mesmo como um *hobby*. Uma geração narcisista. O pronome mais utilizado é o de primeira pessoa: "eu". Tristes tempos, repito.

Tempos de escassez de atitudes de misericórdia — descartar uma pessoa é mais fácil do que se desfazer de um objeto de estimação. Falta estima pelo ser humano. Vivemos em uma sociedade em que o consumo coisifica a pessoa. Quanto mais se tem, mais se deseja e, quando não se tem, o desejo também faz questão de ficar.

Falta um sonho de vida e sobram angústias pelas ausências desse sonho.

Conheci mais de perto Padre Marcelo Rossi e Dom Fernando Figueiredo quando eu era secretário de Estado da Educação e pedi que celebrassem missas nas unidades da antiga FEBEM de São Paulo. Esses homens de Deus imediatamente aceitaram e, com ternura, levaram Ágape àqueles meninos e meninas. Não se preocuparam com o passado errante; ao contrário, falaram de sonho, de acolhimento, de um Homem que marcou e marca a humanidade por sua capacidade de amar aqueles que não seriam escolhidos, nos padrões utilitaristas, para ser amados. Naquelas celebrações, passei a admirar ainda mais a missão de um bispo e de um padre no meio de ovelhas tão feridas.

Fiquei honrado pelo convite de prefaciar este livro. Primeiro, por ter um carinho de irmão por Padre Marcelo e, depois, pela atualidade, leveza e profundidade de seus escritos.

É preciso apresentar o Amor Ágape. Faz bem para a alma de qualquer pessoa. Não podemos permitir que os erros vençam os acertos, que a superficialidade ocupe mais espaço que a densidade do mundo intrapessoal e inter-relacional. É preciso resgatar os valores que nos conduzem à felicidade. E de maneira simples e profunda, como é a Palavra de Deus.

O livro faz uma bela reflexão sobre alguns trechos do Evangelho de São João. O apóstolo João escreve com profundidade sobre a vida de Jesus. Seu estilo é mais contemplativo, mais intuitivo. Usa as metáforas com conhecimento semântico e estilístico. Mergulha nos fatos não apenas para narrá-los, mas para que participemos deles.

O primeiro trecho escolhido é a abertura solene do Evangelho de São João. Traz o evangelista o embate entre a luz e as trevas. A Luz, o Verbo, é Deus, Criador do Universo, Ágape. Livre. Amor gratuito. Ágape, amor restaurador, salvador, santificador. Luz e trevas — o Verbo ilumina os homens que são convidados, como João Batista, a iluminar.

As bodas de Caná, milagre que não se encontra nos relatos de outros evangelistas, traz uma linda reflexão sobre a importância de Maria e sua missão de cuidar daquilo que nos falta.

Maria é a mulher atenta às angústias de seus filhos. Seu olhar não é superficial, sua presença não é a de uma convidada despreocupada com os festejos. Maria se faz presente para que nada falte à festa. E, dando continuidade ao que nos revela o seu encontro com o anjo Gabriel e com sua prima, Isabel, Maria dizia com o silêncio. Falava apenas quando inspirada pelo espírito de amor. Como no Magnificat, no capítulo primeiro do Evangelho de São Lucas:

46 *E Maria disse: Minha alma glorifica ao Senhor,* **47** *meu espírito exulta de alegria em Deus, meu Salvador,* **48** *porque olhou para sua pobre serva. Por isto, desde agora, me proclamarão bem-aventurada todas as gerações,* **49** *porque realizou em mim maravilhas aquele que é poderoso e cujo nome é Santo.* **50** *Sua misericórdia se estende, de geração em geração, sobre os que o temem.* **51** *Manifestou o poder do seu braço: desconcertou os corações dos soberbos.* **52** *Derrubou do trono os poderosos e exaltou os humildes.* **53** *Saciou de bens os indigentes e despediu de mãos vazias os ricos.* **54** *Acolheu a Israel, seu servo, lembrado da sua misericórdia,* **55** *conforme* *prometera a nossos pais, em favor de Abraão e sua posteridade, para sempre.*

Que bela expressão: "desconcertou os corações dos soberbos"!

O Magnificat é o canto inspirado na gratidão a Deus pela sua ação Ágape. É Deus amando, cuidando dos seus filhos.

"Sua misericórdia se estende, de geração em geração." Misericórdia é Ágape. Coração com coração.

Misericórdia teve Jesus com a samaritana, a estrangeira a quem se revela; com os irmãos seus que não tinham o que comer, na multiplicação dos pães; com a mulher adúltera. Era Jesus e os soberbos, os preconceituosos, os que estavam ávidos por um julgamento hipócrita. A expressão desconcertante foi: "Quem de vós estiver sem pecado, seja o primeiro a lhe atirar uma pedra".

É Jesus o Bom Pastor. São João resgata o conceito bíblico presente no Livro Primeiro de Samuel em que Davi se apresenta para enfrentar o filisteu Golias.

Davi era um menino, jovem, loiro e de delicado aspecto (cf. 1Sm 17,42). O rei Saul não acreditava ser possível um menino, que era apenas um pastor, ser capaz de enfrentar um gigante, um homem de guerra desde sempre, como Golias. E Davi insiste, explicando que quando apascentava as ovelhas do seu pai e surgia um urso ou um leão ele era capaz de vencer e matar, se necessário fosse, para defender as suas ovelhas (cf. 1Sm 17,34-37).

O Bom Pastor cuida de suas ovelhas. Jesus nos convida a sermos cuidados e a cuidar simultaneamente. Somos ovelha e pastor. Somos pastor e ovelha. Cuidamos do outro e nos permitimos a ação generosa do cuidar.

As passagens continuam e Padre Marcelo escolhe a Ressurreição de Lázaro para nos falar da fé e das perdas; o lava-pés para nos falar da humildade. Jesus, Senhor, faz-se servidor. O líder é o que serve. Serve a uma causa, a causa do amor. Serve a um povo, o povo escolhido. Todos nós.

E vem o maior de todos os mandamentos: "Este é o meu mandamento: amai-vos uns aos outros, como eu vos amo".

Aqui se resume toda a Lei e todos os profetas. Ágape. Jesus veio ao mundo para ensinar a amar e para religar o amor dos filhos com o Pai. A Crucificação e a Ressurreição atestam a vida vencendo a morte. Diante de Pedro, Jesus volta ao tema do amor e pede ao discípulo que revelou que o amava: "Apascenta as minhas ovelhas".

Há aspectos que nos servem de referenciais no livro. O autor nos traz testemunhos de vida que iluminaram e iluminam o mundo com o Amor Ágape: Madre Teresa de Calcutá, Irmã Dulce e Zilda Arns. Santos que amaram incondicionalmente como São Francisco, Santa Teresa de Ávila, São João da Cruz, São João Maria Vianey, Santa Terezinha do Menino Jesus, São Benedito e tantos outros. Amores concretos. Oração e ação. Que bela a oração de Santo Tomás de Aquino nos ensinando a viver a ética cotidiana.

O autor nos remete à Encíclica do Papa Bento XVI, que nos apresenta a Caridade na Verdade e nos convida a cuidar da "pessoa humana toda" e de "todas as pessoas".

Todos os capítulos terminam com uma oração. A oração que é a força que nos comove e nos move para a ação.

Voltemos ao início deste singelo prefácio. Este livro é uma resposta amorosa a uma parte significativa da sociedade que desconhece a essência da natureza humana: a bondade.

A bondade é filha do amor. Ágape gera a bondade. A bondade é o amor em ação.

O convite que Padre Marcelo nos faz com este livro é exatamente este: que sejamos bons! Que a leitura de trechos da vida de Jesus nos ajude a compreender melhor esse Homem extraordinário que foi capaz de superar a lei e apresentar a razão da própria lei: a pessoa humana. Jesus surpreendeu e surpreende. Seu olhar apaixonante nos impulsiona a desacreditar de teses que nos apresentam um mundo mesquinho, materialista, egoico.

O mal não pode vencer o bem. Se as atrocidades nos incomodam, se a banalização da violência nos assusta, é preciso ir além. Além do que os nossos olhos podem ver, além do que os nossos sentidos podem captar. É preciso ir além e chegar ao recôndito do nosso coração onde só a linguagem da alma, dos sentimentos, da simplicidade e da fé é capaz de alcançar.

Ágape.
Boa leitura.
Boa ação!

GABRIEL CHALITA
É escritor e doutor em Filosofia do Direito
e em Comunicação e Semiótica

Introdução

Ágape é uma palavra de origem grega que significa o amor divino. O amor de Deus pelos seus filhos. E ainda o amor que as pessoas sentem umas pelas outras inspiradas por esse amor divino.

Deus é amor. A criação do mundo e do homem é um ato contínuo de amor. É por isso que o profeta Isaías traz esta revelação tão essencial:

4 *Porque és precioso a meus olhos, porque eu te aprecio e te amo, permuto reinos por ti, entrego nações em troca de ti.* **5** *Fica tranquilo, pois estou contigo, (...).(Is 43,4-5b).*

A palavra de Deus nos traz essa revelação. Deus nos ama. Deus nos aprecia. Valemos mais do que reinos e nações. Aqui não se trata de pessoas que vivem em reinos e nações, mas de poder. O poder do amor de Deus por seus filhos é maior do que qualquer outra forma de poder. Uma mulher, um homem, valem mais do que o exercício de poder sobre todo um reino. Ou, em outras palavras, o poder só se justifica se tiver como preocupação central a pessoa humana. O poder não pode ter um objetivo em si mesmo. O seu objetivo tem de ser o cuidado, o respeito, a caridade para com quem mais precisa. Madre Teresa de Calcutá, a mulher plena de Amor e cheia de poder, nos ensinou em oração e ação. É seu este poema da paz:

O dia mais belo? Hoje

A coisa mais fácil? Equivocar-se

O obstáculo maior? O medo

O erro maior? Abandonar-se

A raiz de todos os males? O egoísmo

A distração mais bela? O trabalho

A pior derrota? O desalento

Os melhores professores? As crianças

A primeira necessidade? Comunicar-se

O que mais faz feliz? Ser útil aos demais

O mistério maior? A morte

O pior defeito? O mau humor

A coisa mais perigosa? A mentira

O sentimento pior? O rancor

O presente mais belo? O perdão

O mais imprescindível? O lar

A estrada mais rápida? O caminho correto

A sensação mais grata? A paz interior

O resguardo mais eficaz? O sorriso

O melhor remédio? O otimismo

A maior satisfação? O dever cumprido

A força mais potente do mundo? A fé

As pessoas mais necessárias? Os pais

A coisa mais bela de todas? O amor

O amor é a coisa mais bela de todas, porque o amor é ação. O amor é cuidado. E Deus nos ama. E o Seu amor nos dá a paz cotidiana, como diz o poema.

Voltando ao Livro de Isaías, no final do trecho vem uma palavra de consolo para todos aqueles que se angustiam na jornada da vida: "Fica tranquilo pois estou contigo".

Tranquilidade é um dom de Deus. Não significa que os problemas deixarão de existir. Entretanto, é a calma necessária, o tempo como um novo nome para o amor que nos apresenta a esperança. Diante do cortejo da dor, surge a esperança. A esperança nos tranquiliza por sabermos que Deus está conosco. E está conosco porque nos ama.

O Ágape é, assim, a Revelação de Deus. É o Deus que cria porque ama. É o Deus que salva porque ama. É o Deus que santifica porque ama.

Neste livro, vou tratar o Amor Ágape inspirado em alguns trechos do Evangelho de São João. Evidentemente, toda a palavra de Deus é inspirada e inspiradora desse amor. A escolha de algumas passagens do Evangelho de São João não obedece a um critério de importância, mas apenas a um olhar para a beleza da encarnação do Filho de Deus.

Este livro não tem a preocupação de explicar com riqueza teológica o Evangelho de São João como fez Santo Agostinho em *Comentário ao Evangelho de João*, obra de riqueza inigualável que permanece depois de tantos séculos. Este livro tem uma intenção oracional. É um diálogo que, na condição de padre, faço com os meus filhos. O meu sacerdócio é um serviço ao Senhor. Nas celebrações eucarísticas, nos programas de rádio, nas visitas aos doentes, nos sacramentos que com amor realizo, tenho a humilde intenção de fazer com que as pessoas percebam o Ágape, o amor de Deus que dá significado à nossa vida.

Poderia ter escolhido o Evangelho de São Mateus ou de São Marcos ou de São Lucas. Poderia ter escolhido qualquer outro livro da Bíblia do Antigo ou do Novo

Testamento. Poderia ainda, já que a escolha foi São João, ter refletido sobre suas lindas cartas. A inspiração divina capaz de nos trazer esta preciosidade que está no capítulo 4 da Primeira Carta de São João:

7 Caríssimos, amemo-nos uns aos outros, porque o amor vem de Deus, e todo o que ama é nascido de Deus e conhece a Deus. 8 Aquele que não ama não conhece a Deus, porque Deus é amor. 9 Nisto se manifestou o amor de Deus para conosco: em nos ter enviado ao mundo o seu Filho único, para que vivamos por ele. 10 Nisto consiste o amor: não em termos nós amado a Deus, mas em ter-nos ele amado, e enviado o seu Filho para expiar os nossos pecados. 11 Caríssimos, se Deus assim nos amou, também nós nos devemos amar uns aos outros. 12 Ninguém jamais viu a Deus. Se nos amarmos mutuamente, Deus permanece em nós e o seu amor em nós é perfeito. 13 Nisto é que conhecemos que estamos nele e ele em nós, por ele nos ter dado o seu Espírito. 14 E nós vimos e testemunhamos que o Pai enviou seu Filho como Salvador do mundo. 15 Todo aquele que proclama que Jesus é o Filho de Deus, Deus permanece nele e ele em Deus. 16 Nós conhecemos e cremos no amor que Deus tem para conosco. Deus é amor, e quem permanece no amor permanece em Deus e Deus nele. 17 Nisto é perfeito em nós o amor: que tenhamos confiança no dia do julgamento, pois, como ele é, assim também nós o somos neste mundo. **18** *No amor não há temor. Antes, o perfeito amor lança fora o temor, porque o temor envolve castigo, e quem teme não é perfeito no amor.* **19** *Mas amamos, porque Deus nos amou primeiro.* **20** *Se alguém disser: Amo a Deus, mas odeia seu irmão, é mentiroso. Porque aquele que não ama seu irmão, a quem vê, é incapaz de amar a Deus, a quem não vê.* **21** *Temos de Deus este mandamento: o que amar a Deus, ame também a seu irmão. (1Jo 4,7-21)*

O amor a Deus e o amor aos irmãos. É tão reveladora essa palavra! Como podemos amar a Deus, a quem não vemos, se não somos capazes de amar ao nosso irmão, a quem vemos, com quem convivemos? Não faltam razões para perceber os erros e as imperfeições dos outros. Mas diante desses erros e imperfeições é que o Amor Ágape se manifesta como prova de amor livre, sem exigências nem cobranças. Amor compreensivo. É isso que nos ensina Madre Teresa. Cada dia é um dia de servir e de cuidar do irmão. É essa a inspiração cristã de fazer com que a caridade seja a concretização do amor. Em sua mais recente Encíclica, o Santo Padre, o Papa Bento XVI, discorre sobre "o desenvolvimento humano integral na Caridade e na Verdade". *Caritas in veritate.* O papa fala em cuidar da pessoa toda e de todas as pessoas. Já na introdução, ele explica o sentido da caridade para a Igreja e para o mundo. A ação pessoal e a ação interpessoal.

Todos os homens sentem o impulso interior para amar de maneira autêntica: amor e verdade nunca desaparecem de todo neles, porque são a vocação colocada por Deus no coração e na mente de cada homem. Jesus Cristo purifica e liberta das nossas carências humanas a busca do amor e da verdade e desvenda-nos, em plenitude, a iniciativa de amor e o projeto de vida verdadeira que Deus preparou para nós. Em Cristo, a Caridade na Verdade torna-se o Rosto da sua Pessoa, uma vocação a nós dirigida para amarmos os nossos irmãos na verdade do seu projeto. De fato, Ele mesmo é a verdade. (cf. Jo 14,6)

A caridade é a via mestra da doutrina social da Igreja. As diversas responsabilidades e compromissos por ela delineados derivam da caridade, que é — como ensinou Jesus — a síntese de toda a lei (cf. Mt 22,36-40). A caridade dá verdadeira substância à relação pessoal com Deus e com o próximo; é o princípio não só das microrrelações estabelecidas entre amigos, na família, no pequeno grupo, mas também nas macrorrelações, como relacionamentos sociais, econômicos, políticos. Para a Igreja — instruída pelo Evangelho —, a caridade é tudo porque, como ensina São João (cf. 1Jo 4,8-16) e como recordei na minha primeira Carta Encíclica, "Deus é caridade" **(Deus caritas est)**: da

caridade de Deus tudo provém, por ela tudo toma forma, para ela tudo tende. A caridade é o dom maior que Deus concedeu aos homens; é sua promessa e nossa esperança.

O Amor Ágape revela-se na caridade. Os numerosos doentes atendidos por Madre Teresa não tinham condição alguma de retribuir as suas ações. A maior parte das crianças cuidadas pela dra. Zilda Arns e seu apostolado na Pastoral do Menor nunca soube quem foi essa mulher notável. Mas ela não fez sua ação querendo retribuição. São Francisco, o noivo da dona pobreza, o santo da simplicidade, deixou um legado de caridade. Ensinou que é dando que se recebe, pediu ao Senhor que pudesse levar o amor onde o ódio estivesse reinando. Qual é a recompensa de quem faz a caridade? É muito maior do que podemos imaginar. Vamos tentar refletir sobre isso nesses escritos.

O Evangelho de São João teve um processo de formação diferente dos chamados evangelhos sinópticos de São Mateus, São Marcos e São Lucas. João era chamado de o discípulo amado. Como os outros evangelhos, o de João seguiu a tradição primeira da oralidade. Sua compilação final se deu por volta do ano 100 por algum discípulo seu. A personalidade, entretanto, é toda de São João. Sua forma de ver os milagres, de falar de amor, de acompanhar os grandes feitos do mestre.

A estrutura literária é belíssima. Cada momento da vida de Jesus é descrito com uma delicadeza textual impressionante. Os sinais, os símbolos preenchem os escritos. Jesus é o Bom Pastor. Jesus é a luz do mundo. Jesus é a revelação do amor.

Que este livro nos ajude a compreender o amor de Deus e nos incentive a amar. Voltando à Epístola de São João:

20 *Se alguém disser: Amo a Deus, mas odeia seu irmão, é mentiroso. Porque aquele que não ama seu irmão, a quem vê, é incapaz de amar a Deus, a quem não vê.* **21** *Temos de Deus este mandamento: o que amar a Deus, ame também a seu irmão.*

Que este livro nos faça conhecer mais um pouco de alguns momentos da vida de Jesus e nos incentive a ler cada vez mais a Palavra de Deus. A Bíblia é uma carta de amor que o Senhor nos enviou. E quando amamos e somos amados, é sempre bom ler, reler a carta que nos foi enviada.

A Bíblia é Ágape. É o amor escrito para que seja vivido.

Com a minha bênção,

PADRE MARCELO ROSSI

[1]

O Verbo divino

Evangelho de São João

C A P Í T U L O   1

1 *No princípio era o Verbo, e o Verbo estava junto de Deus e o Verbo era Deus.* **2** *Ele estava no princípio junto de Deus.* **3** *Tudo foi feito por ele, e sem ele nada foi feito.* **4** *Nele havia a vida, e a vida era a luz dos homens.* **5** *A luz resplandece nas trevas, e as trevas não a compreenderam.* **6** *Houve um homem, enviado por Deus, que se chamava João.* **7** *Este veio como testemunha, para dar testemunho da luz, a fim de que todos cressem por meio dele.* **8** *Não era ele a luz, mas veio para dar testemunho da luz.* **9** *[O Verbo] era a verdadeira luz que, vindo ao mundo, ilumina todo homem.* **10** *Estava no mundo e o mundo foi feito por ele, e o mundo não o reconheceu.* **11** *Veio para o* *que era seu, mas os seus não o receberam. 12 Mas a todos aqueles que o receberam, aos que creem no seu nome, deu-lhes o poder de se tornarem filhos de Deus, 13 os quais não nasceram do sangue, nem da vontade da carne, nem da vontade do homem, mas sim de Deus. 14 E o Verbo se fez carne e habitou entre nós, e vimos sua glória, a glória que o Filho único recebe do seu Pai, cheio de graça e de verdade. 15 João dá testemunho dele, e exclama: Eis aquele de quem eu disse: O que vem depois de mim é maior do que eu, porque existia antes de mim. 16 Todos nós recebemos da sua plenitude graça sobre graça. 17 Pois a lei foi dada por Moisés, a graça e a verdade vieram por Jesus Cristo. 18 Ninguém jamais viu Deus. O Filho único, que está no seio do Pai, foi quem o revelou.*

›

Esse trecho que abre o Evangelho de São João fala de forma bastante poética da criação e do mistério da salvação dos homens.

A palavra nos diz que tudo o que há no mundo foi criado por Deus. Não diz como se deu a criação. Não diz se evoluímos de alguns animais ou se houve uma explosão ou se, nas diversas eras, o andar foi se aprimorando. A essência do texto é a de que tudo o que há no mundo foi criado por Deus. Fala também da salvação. O Filho de

Deus, o Verbo se fez carne e habitou entre nós. E isso aconteceu para que pudéssemos compreender o amor e o amar. O substantivo e o verbo. O conceito e a ação!

Fala-nos de João Batista, o anunciador. Nasceu de um milagre. Filho do sacerdote Zacarias e da prima de Maria de Nazaré, Isabel. Foi o anjo Gabriel quem anunciou o feito. O casal tinha uma idade avançada e Isabel era considerada estéril. Não tinham filhos. João era a voz que ecoava no deserto. Vivia como um asceta. Sem bens. Sem preocupações materiais. Batizava no Jordão. Foi ele quem batizou o próprio Cristo.

Conta-nos o texto sobre Moisés. A Bíblia diz que Moisés foi o profeta, o libertador com quem Deus falava face a face. Moisés significa "tirado das águas". Sua sobrevivência foi um milagre. Foi salvo da morte a que tinham sido condenadas todas as crianças de origem hebreia do sexo masculino pelo faraó, que tinha medo do crescimento desse povo intruso no Egito. Moisés ficou em uma cesta e foi encontrado pela filha do faraó.

Moisés foi escolhido para libertar o povo e caminhar com ele pelo deserto. Após várias negativas do faraó e das pragas que acometem o seu povo, o faraó deixa o povo ir. Depois se arrepende, mas o povo já estava diante do mar Vermelho. Moisés consegue cruzar o mar Vermelho e conduzir o povo de Deus. Recebe as Tábuas da Lei, adverte o povo da idolatria e caminha incansável até a Terra Prometida. Moisés morre antes de entrar na nova terra. O escolhido para continuar sua missão foi Josué.

O texto do Evangelho de São João fala ainda da luz que veio ao mundo para iluminar.

E aqui vai a nossa reflexão, queridos irmãos.

O tema da luz está presente em toda a palavra de Deus. A criação do mundo e do homem é uma vitória da luz sobre as trevas. São Paulo revela que o cristão é Filho da Luz.

E o que significa ser Filho da Luz?

O sentido de trevas ou escuridão é dado àquilo que não se vê ou àquilo que não se pode ver porque envergonha. A violência, a corrupção, a mentira, o pecado nos remetem para as trevas. Um marido que espanca sua mulher ou que trai sua relação esconde a ação vergonhosa. O pai que mente para o filho ou o filho que mente para o pai não quer ser descoberto. O falso médico, o advogado mentiroso, o político desonesto, o motorista embriagado, todos de alguma maneira vivem na escuridão. A luz revela. Se há alguma sujeira na casa e as luzes estão apagadas, as pessoas não conseguem perceber a ausência do cuidado, da limpeza. Quando a luz se acende, o que era sujo começa a incomodar.

Cristo é o Filho da Luz. E os cristãos são convidados a ser os novos cristos. Portanto, todos nós somos chamados a ser Filhos da Luz.

Quem vive no escuro tem medo da luz. Quem passa alguns dias dentro de um quarto escuro com as janelas fechadas, quando entra a primeira fresta de luz, tem a sensação de cegueira de tanto que a luz incomoda. É preciso se acostumar com a luz para que os olhos enxerguem, de fato, a paisagem que antes estava escondida.

A escuridão nos remete aos erros. Não os erros que cometemos. Errar faz parte. A escuridão faz parte dos erros em cuja permanência insistimos. Há tantos erros que são facilmente percebidos, mas a nossa teimosia e comodismo nos impedem a busca de uma nova vida. E incorremos nos mesmos erros. Evidentemente, há doenças que maculam uma vida. Sei o quanto irmãos nossos, doentes do alcoolismo, tentam se livrar e não conseguem. Não julguemos. Há muitos que acusam esses irmãos de vadios, irresponsáveis, fracos. O alcoolismo é uma doença. O usuário das drogas ilícitas também vive um inferno. O inferno do vício, o inferno da escravidão. Por isso prevenir é tão importante. Quando o problema surge, é preciso paciência, perseverança e muito amor. Não se retira um filho das drogas com espancamentos nem com expulsões. Quando o vício já faz parte da vida de um jovem, é preciso mais cuidado ainda, mais amor ainda para que uma nova vida possa surgir. Uma vida iluminada.

A luz é a novidade. A paisagem só pode ser contemplada verdadeiramente sob a luz. Sem sujeiras.

Gosto daquela história das duas famílias que moravam uma em frente à outra. Todos os dias, o marido de uma das casas, ao voltar do trabalho, encontrava a esposa reparando nas roupas sujas penduradas na área da casa vizinha. Ficava indignada. Não entendia por que não as lavava adequadamente primeiro, para só depois colocá-las no varal. E dizia isso com impaciência e com a certeza de que a vizinha era descuidada e suja. Depois de algum tempo, cansado das reclamações da mulher, o marido deu uma sugestão simples e óbvia. Disse a ela que limpasse o vidro da janela da sala deles, que estava imundo, e, então, veria que não eram as roupas da vizinha que estavam sujas.

História simples com um ensinamento de grande significado. O descuido com a limpeza não era da vizinha. É fácil jogar a culpa no outro. O problema é sempre do outro. Ser Filho da Luz é iluminar a vida para que os meus problemas sejam resolvidos. Para isso é preciso assumir que eles existem. Na história, a mulher não imaginava que era a sua vidraça que estava suja. Essa é uma questão importante. A dificuldade em ver o meu problema faz com que eu não consiga solucioná-lo. O primeiro passo para levantar é ter a percepção da queda.

Jesus veio ao mundo, veio para os seus e os seus não O reconheceram. Faltou luz. Ágape é luz. É luz que dissipa as trevas, que dissipa a escuridão. É luz que ilumina e aquece.

ORAÇÃO

Senhor,

Eu quero ser Filho da Luz.

Eu quero levar ao mundo a Tua luz.

Senhor,

Eu sei que muitas vezes eu vivi na escuridão.

O pecado foi me consumindo e eu me acostumei com as trevas.

Eu fui infiel.

Eu abandonei o amor em busca de prazeres que não me trouxeram a felicidade.

Eu errei, Senhor.

Mas hoje estou aqui Te pedindo perdão.

Hoje estou aqui abrindo as janelas e recebendo a Tua luz.

Que a Tua luz me invada, me retire o medo de viver e me faça um anunciador.

Eu quero anunciar o Teu amor, mesmo que seja no deserto.

É essa a minha missão e é por isso que estou aqui nesta oração.

Faz de mim o que quiseres.

Eu Te amo, Senhor.

Sou Teu Filho.

Sou Filho da Luz!

Amém.

[2]

As bodas de Caná

Evangelho de São João

CAPÍTULO 2

1 *Três dias depois, celebravam-se bodas em Caná da Galileia, e achava-se ali a mãe de Jesus.* **2** *Também foram convidados Jesus e os seus discípulos.* **3** *Como viesse a faltar vinho, a mãe de Jesus disse-lhe: Eles já não têm vinho.* **4** *Respondeu-lhe Jesus: Mulher, isso compete a nós? Minha hora ainda não chegou.* **5** *Disse, então, sua mãe aos serventes: Fazei o que ele vos disser.* **6** *Ora, achavam-se ali seis talhas de pedra para as purificações dos judeus, que continham cada qual duas ou três medidas.* **7** *Jesus ordena-lhes: Enchei as talhas de água. Eles encheram-nas até em cima.* **8** *Tirai agora, disse-lhes Jesus, e levai ao chefe dos serventes. E levaram.* **9** *Logo que o chefe dos serventes* *provou da água tornada vinho, não sabendo de onde era (se bem que o soubessem os serventes, pois tinham tirado a água), chamou o noivo 10 e disse-lhe: É costume servir primeiro o vinho bom e, depois, quando os convidados já estão quase embriagados, servir o menos bom. Mas tu guardaste o vinho melhor até agora. 11 Este foi o primeiro milagre de Jesus; realizou-o em Caná da Galileia. Manifestou a sua glória, e os seus discípulos creram nele. 12 Depois disso, desceu para Cafarnaum, com sua mãe, seus irmãos e seus discípulos; e ali só demoraram poucos dias.*

›

São João nos traz o que seria o primeiro milagre de Jesus. Uma festa de casamento. Os judeus e também os árabes sempre se preocuparam com o casamento de seus filhos. As famílias passavam anos economizando para que nada faltasse no casamento. Era e é um momento importante para as famílias.

E Jesus foi com sua mãe a um casamento em Caná, na Galileia. Eram apenas convidados, como diz Jesus à sua mãe: "Mulher, isso compete a nós? Minha hora ainda não chegou". Jesus não estava sendo indelicado com sua mãe, apenas lembrando que eles não eram os responsáveis pelo vinho ou pela comida ou pelo casamento. Eram apenas convidados.

E Maria não desiste. Sem insistir com o filho, sem brigar com ele, sem prolongar a conversa, sem dar sermão algum, apenas diz aos serventes: "Fazei o que ele vos disser". E Jesus faz. Faz o seu primeiro milagre.

A mensagem desse texto é muito simples. Maria é a mãe cuidadosa, zelosa, que se preocupa com os problemas de seus filhos. Aquele casal de Caná representa a humanidade. Falta vinho em um casamento e Maria está ali para compreender a angústia e para solucionar o problema. Ela não é Deus, não é deusa, não tem o poder de trazer vida ao que falta, mas é a mãe do Filho de Deus, é a intercessora junto ao Mediador. O vinho é apenas uma metáfora do que "falta". Maria sabe o que nos falta. E intercede por nós.

Outro detalhe singelo é a paciência de Maria. As pessoas quando pedem alguma coisa às outras e recebem uma negativa geralmente são insistentes. Muitas vezes uma mãe briga com um filho que se recusa a atender um pedido seu, dizendo que sacrificou a vida toda pelo filho, que o alimentou, que passou noites sem dormir. Maria não faz nada disso. Olha nos olhos de seu filho e apenas mostra a Ele a angústia dos filhos seus. E Jesus compreende o seu pedido. Demonstra que não estava nos seus planos fazer esse milagre, que ainda não havia chegado sua hora. Mas um pedido de mãe deveria ser atendido. Sua mãe pede e Jesus traz o melhor vinho. Não atende de qualquer jeito, não faz com má vontade. Faz o melhor.

O papel de Maria na história da salvação é extraordinariamente simples e essencial. Maria esteve sempre presente. Sem alardes. Sem estardalhaços. Chorou a dor do seu filho. Esperou por sua volta junto aos apóstolos, os mesmos que haviam negado e abandonado Jesus. Não guardou ódio, não falou desnecessariamente sobre a traição. Maria guardava, em seu coração, a missão que se confirmou quando, na anunciação, ela proclamou: "Eis aqui a serva do Senhor. Faça-se em mim segundo a Tua palavra" (Lc 1,38).

Maria é a escolhida e como tal é intercessora privilegiada. A mãe já traz em si o Ágape. O amor sem limites. O amor que não exige retribuição.

Há uma linda história real retratada em um filme chamado *O óleo de Lorenzo*. Um menino aos oito anos de idade começou a desenvolver os sintomas de uma rara doença, a ADL.[1] Os pais, quando ficaram sabendo do diagnóstico do filho, não se conformaram e começaram a travar uma batalha contra a ciência, ou a favor dela, para não desistir da vida do filho. A mãe tudo fez para cuidar da criança que, aos poucos, foi ficando paralítica, cega, surda e incapaz de se comunicar. O amor foi maior que as limitações. Os pais estudaram mais do que os médicos.

---

[1] ADL: a adrenoleucodistrofia é uma doença genética rara que afeta o cromossomo x. (N. E.)

Buscavam um tipo de tratamento que minimizasse os sofrimentos do filho. Foram vítimas de preconceito, foram mal compreendidos, mas partiram na ventura de dar dignidade ao fruto gerado pelo amor.

Com o tempo, eles conseguiram criar uma combinação de óleos que recebeu o nome de "Óleo de Lorenzo". Um dos óleos que compunham a fórmula era mortal para os ratos, mas os pais do garoto tiveram a coragem de administrá-lo no filho, convictos de que era capaz de amenizar os efeitos da doença nos seres humanos. Apesar das fortes críticas recebidas, foi uma vitória. A doença foi estacionada. O menino continua sendo cuidado; hoje, já está na idade adulta. As crianças doentes à época e que não receberam o óleo de Lorenzo não chegaram à idade adulta. Apesar das dificuldades que seu reconhecimento vem tendo, esse óleo é um alento para crianças que possuem a mesma enfermidade.

Pai e mãe não desistem de amar os filhos. Pai e mãe terrenos, cheios de imperfeições, não desistem do amor. Deus é nosso Pai. E é perfeito. E Maria, a mãe escolhida para cuidar da humanidade, a rainha da paz, mãe Ágape, a presença do amor.

›

ORAÇÃO

Senhor,

Eu sei que me conheces e sabes dos meus problemas.

Eu sei que me acompanhas mesmo quando eu me perco.

Eu sei que quando tudo me falta o Senhor está comigo.

Eu sei que Tu me deste uma mãe, Maria.

A Tua mãe é a minha mãe.

Maria, na simplicidade de sua presença, nunca esteve ausente. Nos momentos em que a angústia atormentava as celebrações da vida, ela soube reconhecer e interceder.

Por isso eu peço, ó Mãe, intercede por mim.

Quando o vinho acabar, intercede por mim.

Quando alguma coisa faltar, intercede por mim.

Quando eu me perder, intercede por mim.

Quando eu pecar, intercede por mim.

Quando eu deixar de amar, intercede por mim.

Senhor amado, obrigado pela mãe que nos destes.

É mais uma prova de Teu imenso amor.

Cuida de nós.

Amém.

[3]

A samaritana

Evangelho de São João

CAPÍTULO 4

5 *Chegou, pois, a uma localidade da Samaria, chamada Sicar, junto das terras que Jacó dera a seu filho José.* **6** *Ali havia o poço de Jacó. E Jesus, fatigado da viagem, sentou-se à beira do poço. Era por volta do meio-dia.* **7** *Veio uma mulher da Samaria tirar água. Pediu-lhe Jesus: Dá-me de beber.* **8** *(Pois os discípulos tinham ido à cidade comprar mantimentos.)* **9** *Aquela samaritana lhe disse: Sendo tu judeu, como pedes de beber a mim, que sou samaritana!... (Pois os judeus não se comunicavam com os samaritanos.)* **10** *Respondeu-lhe Jesus: Se conhecesses o dom de Deus, e quem é que te diz: Dá-me de beber, certamente lhe pedirias tu mesma e ele te daria uma água viva.* **11** *A mulher lhe* *replicou: Senhor, não tens com que tirá-la, e o poço é fundo... donde tens, pois, essa água viva?* **12** *És, porventura, maior do que o nosso pai Jacó, que nos deu este poço, do qual ele mesmo bebeu e também os seus filhos e os seus rebanhos?* **13** *Respondeu-lhe Jesus: Todo aquele que beber desta água tornará a ter sede,* **14** *mas o que beber da água que eu lhe der jamais terá sede. Mas a água que eu lhe der virá a ser nele fonte de água, que jorrará até a vida eterna.*

›

A mulher, na época de Jesus, estava condenada a viver uma situação de inferioridade. Elas eram subjugadas pelos homens. Sofriam todo tipo de preconceito. A lei era muito mais pesada para elas do que para eles. Mas Jesus estava sempre rodeado de mulheres. Eram pobres, destinadas ao abandono, miseráveis que seguiam Jesus.

Há uma linda história de mulheres em *O livro das virtudes II*, de William Bennett, que conta um fato acontecido na Alemanha, na Alta Idade Média. Foi no ano de 1141. Wolf, duque da Bavária, estava cercado em seu castelo, sitiado pelos exércitos de Frederick, duque da Suábia, e de seu irmão, o imperador Konrad.

O cerco vinha de muito tempo e não havia mais nada para ser feito. Wolf resolveu se entregar ao pior de seus inimigos. As mulheres desses homens, entretanto, resolveram enviar uma mensagem a Konrad, pedindo ao imperador um salvo-conduto para elas. Que saíssem do castelo sem nada sofrer e que fossem autorizadas a levar todos os bens que pudessem carregar.

A permissão foi concedida, e os portões do castelo se abriram. As mulheres foram saindo, trazendo uma estranha carga. Não era ouro. Não eram joias. Não eram pedras preciosas nem vestes ornamentadas. Cada uma vinha curvada com o peso do marido na esperança de salvá-los da vingança do vitorioso.

Diz a história que Konrad, homem bom e piedoso, se comoveu com a linda história de amor. Chorou diante daquela atitude extraordinária e garantiu às mulheres e aos maridos liberdade e segurança. Convidou todos para um banquete e celebrou a paz com o duque da Bavária.

Desde então, o monte do castelo passou a ser chamado de Monte de Weibertreue, que quer dizer "lealdade feminina".

Há muitas histórias semelhantes que mostram que não é o ódio que tem o poder de combater o ódio, mas o amor.

Jesus não tratou ninguém com ódio.

No texto de São João, Jesus se encontra com uma mulher. Imaginemos que Jesus estava cansado e parou um pouco para beber água. Viu uma mulher de uma forma que só Ele viu. Ela era samaritana. Ele, judeu. Os judeus desprezavam os samaritanos e mais ainda as mulheres samaritanas. É a essa mulher desprezada que Jesus se revela. Primeiro, Ele pede água. Ela se surpreende com o pedido porque a conversa entre eles não seria natural. Ela achava que esse homem judeu nem sequer fosse cumprimentá-la. Ela se imaginava invisível aos homens e mais ainda aos judeus. Jesus, de fato, era um homem diferente.

Jesus muitas vezes falava por metáforas. A água que a mulher imaginava ser do poço era uma água viva. Era uma água que tinha o poder de saciar a necessidade física e a necessidade espiritual. Em um primeiro momento, a mulher não entendeu. Nem mesmo quando Ele explicou. Jesus foi além e tocou no coração daquela mulher tão sofrida. Ela já havia tido cinco maridos e sofria com o atual. E Jesus sabia de tudo isso. Imaginemos a surpresa da mulher. Um judeu, que em tese nem teria olhado para ela, conhece em detalhes a sua história. Sabe de sua dor, de suas angústias e medos. Conhece suas necessidades.

Os apóstolos estranham o tempo que Jesus gasta com aquela mulher samaritana. Mal sabem eles que a ela Ele se revelou.

Vamos refletir um pouco mais sobre esse conceito de "gastar tempo". Jesus não se incomoda com o fato de ela ser samaritana, de já ter tido muitos maridos, de ser mulher, enfim. Ele quer saciar a sua sede.

A mulher samaritana representa a multidão de mulheres e homens que são discriminados. Pessoas que vivem à margem da sociedade porque são vistas como menos puras, menos santas, menos ricas, menos nobres. Pessoas para as quais pouca gente daria atenção. Jesus é surpreendente. Ele não se preocupa com o que vão dizer as outras pessoas. Se há alguém com sede, ele está pronto para dar a água que tem o poder de saciar a sede. A sede material e a sede espiritual. Jesus cuida de tudo. Ele não despreza as necessidades primeiras daquela mulher. Ele compreende a sua aflição e o seu cansaço. Tinha de andar sempre em busca de água para alimentar a si e aos seus. É essa a sua preocupação. Jesus compreende. Usa a sua linguagem e, aos poucos, toca o coração daquela mulher e lhe apresenta algo imaterial que transcende ao tempo e ao espaço, que não termina nunca.

De que temos sede?

Sede de atenção?
Sede de amor?
Sede de reconhecimento?
Sede de paz?
Sede de felicidade?
Sede de uma história de vida com significado?

Jesus vem ao nosso encontro, independentemente do que as pessoas pensem de nós, que nos discriminem ou riam de nós. Ele não repara em nossas vestes rasgadas, tampouco em nosso coração ferido. Ele vem, gasta tempo conosco e nos oferece a água que nos restaura.

›

ORAÇÃO

Senhor,
　eu tenho sede.
No caminhar difícil da minha vida,
　eu tenho sede.
Nos abandonos, nas perdas, nas incompreensões,
　eu tenho sede.
Na miséria dos meus pecados,
　eu tenho sede.
No passado que me atormenta,
　eu tenho sede.
No futuro que me amedronta,
　eu tenho sede.
No presente que me entristece,
　eu tenho sede.
Eu quero água, Senhor.
Eu quero água viva.
A água que me lava e me alimenta.
A água que me lembra o nascimento, o batismo, o mar...
Eu quero a água viva que me mostra o mar de
　possibilidades que eu tenho na vida.
Nada nem ninguém poderá me roubar o futuro.
Eu quero água viva.
Eu quero esse alimento, Senhor.

Obrigado, porque apesar de tantos que não me veem, não me reconhecem, não gastam tempo comigo, o Senhor está aqui.

Fica mais tempo, Jesus.

Tua conversa me dá vida nova.

Amém.

[4]

Multiplicação dos pães

Evangelho de São João

CAPÍTULO 6

1 Depois disso, atravessou Jesus o lago da Galileia (que é o de Tiberíades.) 2 Seguia-o uma grande multidão, porque via os milagres que fazia em benefício dos enfermos. 3 Jesus subiu a um monte e ali se sentou com seus discípulos. 4 Aproximava-se a Páscoa, festa dos judeus. 5 Jesus levantou os olhos sobre aquela grande multidão que vinha ter com ele e disse a Filipe: Onde compraremos pão para que todos estes tenham o que comer? 6 Falava assim para o experimentar, pois bem sabia o que havia de fazer. 7 Filipe respondeu-lhe: Duzentos denários de pão não lhes bastam, para que cada um receba um pedaço. 8 Um dos seus discípulos, chamado André, irmão de Simão Pedro, disse-lhe:

9 *Está aqui um menino que tem cinco pães de cevada e dois peixes... mas que é isto para tanta gente?* **10** *Disse Jesus: Fazei-os assentar. Ora, havia naquele lugar muita relva. Sentaram-se aqueles homens em número de uns cinco mil.* **11** *Jesus tomou os pães e rendeu graças. Em seguida, distribuiu-os às pessoas que estavam sentadas, e igualmente dos peixes lhes deu quanto queriam.* **12** *Estando eles saciados, disse aos discípulos: Recolhei os pedaços que sobraram, para que nada se perca.* **13** *Eles os recolheram e, dos pedaços dos cinco pães de cevada que sobraram, encheram doze cestos.*

›

O milagre da multiplicação dos pães está escrito nos quatro Evangelhos e tem uma importância singular para que o povo reconheça o cuidado com as pessoas e a solidariedade do Messias.

Jesus vê a multidão e percebe que as mulheres e os homens estão em busca de um pastor. São exatamente como ovelhas sem pastor. Um povo que não é cuidado. Não há líderes políticos nem religiosos querendo saber dessa multidão que não tem o que comer, não tem para onde ir.

Jesus poderia mandá-los embora. Ele não tinha obrigações materiais com esse povo. Mas Ele não faz isso. Ele cuida. E cuida a partir da realidade do próprio povo. Quer saber o que eles têm. Eles têm cinco pães e dois peixes. Sete ao todo, portanto. Sete representa a totalidade. E, do pouco que têm, todos ficam saciados porque compartilham. Dividem o pão. Alimentam uns aos outros.

Há uma história rabínica que conta a experiência de um homem que vai visitar o céu e o inferno. Fica impressionado quando percebe que tanto no céu como no inferno há fartura de comida. E mais, que não há restrição alguma. Repara ainda que as colheres são imensas, com longos cabos. A diferença é que no inferno todos são muito, muito magros. Raquíticos. E, no céu, todos são saudáveis. O homem fica abismado. Se a comida é a mesma, se não há restrição alguma, onde está a diferença? A diferença está na solidariedade. No inferno, cada um tentava alimentar a si mesmo, e como os cabos das colheres eram imensos, eles derrubavam toda a comida e não conseguiam comer. No céu, ao contrário, um colocava a comida na boca do outro, assim todos se alimentavam.

Ágape é amor e amor em ação. Alimentar o nosso irmão é parte essencial do cristianismo. Vivemos em um mundo em que o egoísmo tomou espaço demais. As pessoas vão se tornando mesquinhas.

No Capítulo v da Carta Encíclica *Caritas in veritate*, o Sumo Pontífice Bento xvi nos ensina:

Uma das pobrezas mais profundas que o homem pode experimentar é a solidão. Vistas bem as coisas, as outras pobrezas, incluindo a material, também nascem do isolamento, de não ser amado ou da dificuldade de amar. As pobrezas frequentemente nasceram da recusa do amor de Deus, de uma originária e trágica reclusão do homem em si próprio, que pensa que se basta a si mesmo ou então que é só um fato insignificante e passageiro, um "estrangeiro" num universo formado por acaso. O homem aliena-se quando fica sozinho ou se afasta da realidade, quando renuncia a pensar e a crer num Fundamento. A humanidade inteira aliena-se quando se entrega a projetos unicamente humanos, a ideologias e a falsas utopias. A humanidade aparece, hoje, muito mais interativa do que no passado: esta maior proximidade deve transformar-se em verdadeira comunhão. **O desenvolvimento dos povos depende sobretudo do reconhecimento que são uma só família**, a qual colabora em verdadeira comunhão e é formada por sujeitos que não se limitam a viver uns ao lado dos outros.

O papa nos traz a pobreza como resultado da solidão ou, em outras palavras, do individualismo, do isolamento.

Fala de um mundo que se uniu por tantos fenômenos, mas que ainda está separado na fraternidade. A reflexão profética está no conceito de que o desenvolvimento real dos povos depende dessa fraternidade. Ele diz do reconhecimento de que são todos membros de uma só família.

A multiplicação dos pães nos traz a realidade do acolhimento. Todas aquelas mulheres, aqueles homens e crianças faziam parte da família de Jesus e é por isso que ele não poderia mandá-los embora. Ele queria que eles ficassem confortáveis na relva, que se sentissem membros de sua grande família, que fossem alimentados, que fossem tratados com dignidade. É esse o exemplo que fica para a nossa ação no mundo contemporâneo. Nada de ideologias que excluem a vida ou que defendem falsas utopias. O homem não pode ser coisificado, não pode ser um meio para a construção de um Estado insensível, mesquinho. O homem é imagem e semelhança de Deus. E toda a ação política, cultural, social deve levar em conta o projeto primeiro para o qual fomos criados, para amar e para sermos felizes.

›

ORAÇÃO

Senhor,
Eu Te peço que eu não tenha um coração mesquinho.
Eu sei o quanto eu recebi de graça.
O quanto eu tenho sem merecer.
Eu Te peço um coração livre dos apegos, um coração
  capaz de partilhar.
Eu sei que não é possível abraçar a mim mesmo.
Eu sei que há tanto de mim guardado, trancado, não
  partilhado.
Eu sei que muitas vezes sou avarento. Que sou
  apegado aos bens materiais.
Eu sei que eu tenho mais do que necessito para viver.
Ajuda-me a partilhar.
Ajuda-me a cuidar dos meus irmãos que mais
  precisam.
Eu quero partilhar o pão.
E eu sei que partilhando o pão ele será multiplicado.
Eu sei que fazemos parte de uma só família e que
  devemos cuidar uns dos outros.
Eu quero cuidar dos meus irmãos.
Obrigado, Senhor, por me fazeres compreender
  a lição do amor.
Amém.

[5]

A mulher adúltera

Evangelho de São João

CAPÍTULO 8

1 *Dirigiu-se Jesus para o monte das Oliveiras.* **2** *Ao romper da manhã, voltou ao templo e todo o povo veio a ele. Assentou-se e começou a ensinar.* **3** *Os escribas e os fariseus trouxeram-lhe uma mulher que fora apanhada em adultério.* **4** *Puseram-na no meio da multidão e disseram a Jesus: Mestre, agora mesmo esta mulher foi apanhada em adultério.* **5** *Moisés mandou-nos na lei que apedrejássemos tais mulheres. Que dizes tu a isso?* **6** *Perguntavam-lhe isso, a fim de pô-lo à prova e poderem acusá-lo. Jesus, porém, se inclinou para a frente e escrevia com o dedo na terra.* **7** *Como eles insistissem, ergueu-se e disse-lhes: Quem de vós estiver sem pecado, seja o primeiro a lhe atirar uma pedra.*

8 Inclinando-se novamente, escrevia na terra. 9 A essas palavras, sentindo-se acusados pela sua própria consciência, eles se foram retirando um por um, até o último, a começar pelos mais idosos, de sorte que Jesus ficou sozinho, com a mulher diante dele. 10 Então ele se ergueu e vendo ali apenas a mulher, perguntou-lhe: Mulher, onde estão os que te acusavam? Ninguém te condenou? 11 Respondeu ela: Ninguém, Senhor. Disse-lhe então Jesus: Nem eu te condeno. Vai e não tornes a pecar.

›

Essa passagem da vida de Jesus nos convida a refletir sobre os julgamentos e a capacidade de perdoar. Madre Teresa de Calcutá nos ensina que "quem julga as pessoas não tem tempo para amá-las".

A mulher adúltera já estava condenada. Ela foi apanhada em seu pecado. O problema havia se tornado público. Aqueles homens estavam dispostos a executar a sentença. Eles se aproximam de Jesus e invocam a Lei de Moisés. Era preciso apedrejar essa mulher até para que as outras mulheres tivessem medo e não caíssem na mesma ação criminosa. Eles clamavam por justiça, mostrando que o direito à honra vale mais do que o direito à vida, como ainda acontece em muitos países, hoje em dia, que continuam com a pena capital. Há mulheres sendo apedrejadas em países, principalmente no Oriente, por atentar contra a honra do marido.

Jesus estava escrevendo na terra. Ele se levanta e não desafia a Lei de Moisés, desafia a consciência daqueles homens. *Quem de vós estiver sem pecado, seja o primeiro a lhe atirar uma pedra.* É a consciência que Ele quer atingir. A mulher só foi pega porque descobriram o seu pecado.

E os pecados que só a consciência conhece? Quantos são humilhados por serem descobertos. E quantos são os que acusam enquanto escondem a própria podridão.

É triste uma sociedade sem misericórdia, em que as pessoas se põem de plantão para jogar pedras. A dor do outro parece não despertar nenhum sentimento no ofensor. Jogamos pedras sem imaginar os seus estragos. As pedras das palavras ditas sem cuidado, das fofocas, das inverdades, das condenações. Jogar pedras é não entender o conceito cristão do amor.

Quando magoamos as pessoas com palavras ou atos impensados, muitas vezes em um momento de raiva, estamos deixando marcas de dor em seus corações e que não mais se dissiparão, mesmo que sejamos perdoados. Há uma história de uma garota que tinha o péssimo hábito de se irritar com tudo e com todos. Assim, magoava as pessoas com duras palavras e atitudes pouco gentis. Um dia, na sala de aula, ao presenciar uma dessas atitudes da garota, a professora chamou-a, estendendo-lhe uma folha branca. Pediu a ela que a amassasse. A garota, sem entender, obedeceu, fazendo até mesmo uma bolinha com o papel. A professora lhe pediu, então, que voltasse a deixar o papel exatamente como ele era antes de ser amassado. Por mais que tentasse, a garotinha não conseguiu, pois as marcas insistiam em permanecer. Foi, então, que a professora lhe disse que aquela folha em branco era semelhante ao coração das pessoas. As impressões que deixamos nos outros são difíceis de ser apagadas. Por isso, precisamos tomar muito cuidado com as palavras duras que dizemos, com os julgamentos precipitados que fazemos, com as ofensas que proferimos. Se quisermos consertá-las depois, poderá ser tarde demais.

Outro detalhe importante dessa passagem da vida de Jesus é o seu olhar para aquela mulher condenada. Ela buscava um olhar de compaixão. Ela sabia que não havia como se livrar daquela condenação. Mas a voz de Jesus afastou os seus acusadores. Ela ficou sozinha com Ele. Só Ele teria o poder de condená-la; afinal, Ele não tinha pecado. Ele teria o direto moral de condená-la. Mas não o faz. Ao contrário. Seu olhar confere a ela outra oportunidade. É a esperança. Ele permite que ela vá e amorosamente sugere-lhe uma nova vida.

O encontro com Jesus muda a história da mulher pecadora. É uma nova chance. Uma nova oportunidade. É o amor, e não o ódio, que tem o poder de restaurar, de restabelecer o que ficou perdido na história de cada um.

Jesus dá atenção à mulher. Tem compaixão por ela. Olha-a nos olhos, sem receios. E fala com o coração. Dá a ela a oportunidade de construir uma nova história.

›

O R A Ç Ã O

Senhor,
Estou em oração.
Eu quero Te pedir o dom do amor.
Eu não quero odiar as pessoas, nem julgar, nem jogar
   pedras.
Eu não quero ser o acusador.
Eu não quero ser hipócrita em apontar os erros dos
   outros como se eu não tivesse erros.
Eu quero ser capaz de amar. Um amor que vê o
   essencial e não as aparências. Um amor que acolhe
   e cuida.
Eu quero ter um olhar de esperança para que o meu
   olhar seja capaz de enxergar um mundo novo e, ao
   enxergar esse mundo, ajudar o meu irmão a
   construir uma nova história.
Obrigado, Senhor, pelo perdão.
Obrigado, Senhor, pela esperança.
Obrigado, Senhor, por me perdoares e por me
   ensinares a perdoar os meus irmãos.
Obrigado, Senhor, por ouvires esta oração.

Amém.

[6]

O Bom Pastor

Evangelho de São João

CAPÍTULO 10

1 *Em verdade, em verdade vos digo: quem não entra pela porta no aprisco das ovelhas, mas sobe por outra parte, é ladrão e salteador.* **2** *Mas quem entra pela porta é o pastor das ovelhas.* **3** *A este o porteiro abre, e as ovelhas ouvem a sua voz. Ele chama as ovelhas pelo nome e as conduz à pastagem.* **4** *Depois de conduzir todas as suas ovelhas para fora, vai adiante delas; e as ovelhas seguem-no, pois lhe conhecem a voz.* **5** *Mas não seguem o estranho; antes fogem dele, porque não conhecem a voz dos estranhos.* **6** *Jesus disse-lhes essa parábola, mas não entendiam do que ele queria falar.* **7** *Jesus tornou a dizer-lhes: Em verdade, em verdade vos digo: eu sou a porta das ovelhas.* **8** *Todos* *quantos vieram antes de mim foram ladrões e salteadores, mas as ovelhas não os ouviram.* **9** *Eu sou a porta. Se alguém entrar por mim será salvo; tanto entrará como sairá e encontrará pastagem.* **10** *O ladrão não vem senão para furtar, matar e destruir. Eu vim para que as ovelhas tenham vida e para que a tenham em abundância.* **11** *Eu sou o Bom Pastor. O Bom Pastor expõe a sua vida pelas ovelhas.* **12** *O mercenário, porém, que não é pastor, a quem não pertencem as ovelhas, quando vê que o lobo vem vindo, abandona as ovelhas e foge; o lobo rouba e dispersa as ovelhas.* **13** *O mercenário, porém, foge, porque é mercenário e não se importa com as ovelhas.* **14** *Eu sou o Bom Pastor. Conheço as minhas ovelhas e as minhas ovelhas conhecem a mim,* **15** *como meu Pai me conhece e eu conheço o Pai. Dou a minha vida pelas minhas ovelhas.*

›

Jesus é o Bom Pastor. Ele cuida de cada uma de Suas ovelhas. Ele conhece as Suas ovelhas pelo nome, isto é, pela identidade das Suas ovelhas. Seu rebanho não é homogêneo. É heterogêneo. Cada ovelha é de um jeito, tem um problema. Se uma delas se fere, Ele cuida. Se alguma se suja, Ele limpa. Ao contrário do mercenário que coloca em risco a vida das ovelhas porque não é o pastor das ovelhas. Não as conhece. Não as ama.

Esse ensinamento nos leva a refletir novamente sobre o cuidar. Um médico é um pastor de seus pacientes e, portanto, tem de conhecer cada um dos seus pacientes e compreender as dores e as fraquezas. Um professor também é um pastor de seus alunos. O bom professor não imagina que os alunos possam ser todos iguais. Conhece um a um e cuida individualmente dos seus alunos. Assim é o sacerdote. É um pastor que cuida do seu rebanho.

Jesus se coloca como Bom Pastor, busca um vínculo cada vez maior com as Suas ovelhas. Dá a vida pelas Suas ovelhas. É novamente Ágape, o amor incondicional.

Madre Teresa de Calcutá peregrinava pelo mundo todo, distribuindo amor a cada uma das pessoas necessitadas que encontrasse. Com seu jeito simples e cheio de amor, conquistou uma legião de irmãs, suas seguidoras. Das muitas histórias que contava, havia uma em que um velho ancião, habitante da Austrália, vivia em estado de extrema miséria e descuido. Ele era muito idoso e sua casa era suja, desarrumada. As pessoas o ignoravam e evitavam chegar perto dele, justamente pelo seu lastimável estado. Foi quando Madre Teresa aproximou-se dele e lhe pediu permissão para arrumar sua casa, limpá-la e fazer a sua cama. Ele disse que estava bem daquela forma e agradeceu. A madre insistiu que ele poderia ficar muito melhor e iniciou a limpeza. Entre os inúmeros objetos empoeirados que encontrou, havia uma velha lamparina, toda suja e enferrujada. Perguntou, então, ao ancião, há quanto tempo ele não acendia a luz. Ele respondeu que não a usava nunca porque ninguém o visitava e por isso não precisava de luz. A boa senhora lhe indagou se ele acenderia a lamparina todas as noites se as irmãs passassem a visitá-lo diariamente. Ele, alegremente, respondeu que sim. E assim aconteceu. Conta Madre Teresa que dois anos depois, ela já nem se lembrava direito daquele velho ancião quando recebeu a seguinte mensagem: "Contem à minha amiga que a luz que ela acendeu em minha vida continua brilhando".

A passagem do Evangelho e a história de Madre Teresa de Calcutá nos ajudam a perceber o quanto somos amados.

Estou usando muitos exemplos de Madre Teresa porque ela é um referencial de Amor Ágape. Um cuidado silencioso e intenso. Cada um era único, e o que ela fazia era apenas por amor. Certa feita, um homem disse-lhe que ficava espantado com o que ela fazia, que não daria banho em um leproso nem por um milhão de dólares. Ela respondeu: "Eu também não. Só por amor se pode dar banho em um leproso".

Cada um de nós, mesmo sujos, mesmo machucados, mesmo doentes, é uma ovelha, e Jesus não tem nojo das Suas ovelhas. Ele tocou nos leprosos que eram tão discriminados naquela época. Ele conversou com os pecadores. Tocou em mortos. Acolheu as crianças e as mulheres, contrariando a tradição do seu povo. Ele cuida de quem O conhece e de quem não O conhece. Mas suas ovelhas O conhecem, porque Ele se faz conhecer.

É esse o ofício de Deus feito homem, cuidar do Seu rebanho, que é a humanidade inteira. A pessoa toda e todas as pessoas.

›

ORAÇÃO

Senhor,
Tu és o Bom Pastor.
Eu sou a Tua ovelha.
Em alguns dias, estou sujo;
Em outros, estou doente.
Em alguns dias, me escondo;
Em outros, me revelo.
Sou uma ovelha ora mansa, ora agitada.
Sou uma ovelha ora perdida, ora reconhecida.
Eu sou Tua ovelha, Senhor.
Eu conheço a Tua voz. É que às vezes a surdez
   toma conta de mim.
Eu sou Tua ovelha, Senhor.
Não permitas que eu me perca, que eu me desvie
   do Teu rebanho.
Mas se eu me perder, eu Te peço, Senhor,
Vem me encontrar.

Amém.

[7]

Ressurreição de Lázaro

Evangelho de São João

CAPÍTULO 11

1 *Lázaro caiu doente em Betânia, onde estavam Maria e sua irmã Marta.* **2** *Maria era quem ungira o Senhor com o óleo perfumado e lhe enxugara os pés com os seus cabelos. E Lázaro, que estava enfermo, era seu irmão.* **3** *Suas irmãs mandaram, pois, dizer a Jesus: Senhor, aquele que Tu amas está enfermo.* **4** *A estas palavras, disse-lhes Jesus: Esta enfermidade não causará a morte, mas tem por finalidade a glória de Deus. Por ela será glorificado o Filho de Deus.* **5** *Ora, Jesus amava Marta, Maria, sua irmã, e Lázaro.* **6** *Mas, embora tivesse ouvido que ele estava enfermo, demorou-se ainda dois dias no mesmo lugar.* **7** *Depois, disse a seus discípulos: Voltemos para a Judeia.* **8** *Mestre, responderam* *eles, há pouco os judeus te queriam apedrejar, e voltas para lá?* **9** *Jesus respondeu: Não são doze as horas do dia? Quem caminha de dia não tropeça, porque vê a luz deste mundo.* **10** *Mas quem anda de noite tropeça, porque lhe falta a luz.* **11** *Depois destas palavras, ele acrescentou: Lázaro, nosso amigo, dorme, mas vou despertá-lo.* **12** *Disseram-lhe os seus discípulos: Senhor, se ele dorme, há de sarar.* **13** *Jesus, entretanto, falara da sua morte, mas eles pensavam que falasse do sono como tal.* **14** *Então Jesus lhes declarou abertamente: Lázaro morreu.* **15** *Alegro-me por vossa causa, por não ter estado lá, para que creiais. Mas vamos a ele.* **16** *A isso Tomé, chamado Dídimo, disse aos seus condiscípulos: Vamos também nós, para morrermos com ele.* **17** *À chegada de Jesus, já havia quatro dias que Lázaro estava no sepulcro.* **18** *Ora, Betânia distava de Jerusalém cerca de quinze estádios.* **19** *Muitos judeus tinham vindo a Marta e a Maria, para lhes apresentar condolências pela morte de seu irmão.* **20** *Mal soube Marta da vinda de Jesus, saiu-lhe ao encontro. Maria, porém, estava sentada em casa.* **21** *Marta disse a Jesus: Senhor, se tivesses estado aqui, meu irmão não teria morrido!* **22** *Mas sei também, agora, que tudo o que pedires a Deus, Deus te concederá.* **23** *Disse-lhe Jesus: Teu irmão ressurgirá.* **24** *Respondeu-lhe Marta: Sei que há de ressurgir na Ressurreição no último dia.* **25** *Disse-lhe Jesus: Eu sou a Ressurreição e a vida. Aquele que crê em mim, ainda que esteja morto, viverá.* **26** *E todo aquele* *que vive e crê em mim, jamais morrerá. Crês nisto?* **27** *Respondeu ela: Sim, Senhor. Eu creio que tu és o Cristo, o Filho de Deus, aquele que devia vir ao mundo.* **28** *A essas palavras, ela foi chamar sua irmã Maria, dizendo-lhe baixinho: O Mestre está aí e te chama.* **29** *Apenas ela o ouviu, levantou-se imediatamente e foi ao encontro dele.* **30** *(Pois Jesus não tinha chegado à aldeia, mas estava ainda naquele lugar onde Marta o tinha encontrado.)* **31** *Os judeus que estavam com ela em casa, em visita de pêsames, ao verem Maria levantar-se depressa e sair, seguiram-na, crendo que ela ia ao sepulcro para ali chorar.* **32** *Quando, porém, Maria chegou onde Jesus estava e o viu, lançou-se aos seus pés e disse-lhe: Senhor, se tivesses estado aqui, meu irmão não teria morrido!* **33** *Ao vê-la chorar assim, como também todos os judeus que a acompanhavam, Jesus ficou intensamente comovido em espírito. E, sob o impulso de profunda emoção,* **34** *perguntou: Onde o pusestes? Responderam-lhe: Senhor, vinde ver.* **35** *Jesus pôs-se a chorar.* **36** *Observaram por isso os judeus: Vede como ele o amava!* **37** *Mas alguns deles disseram: Não podia ele, que abriu os olhos do cego de nascença, fazer com que este não morresse?* **38** *Tomado, novamente, de profunda emoção, Jesus foi ao sepulcro. Era uma gruta, coberta por uma pedra.* **39** *Jesus ordenou: Tirai a pedra. Disse-lhe Marta, irmã do morto: Senhor, já cheira mal, pois há quatro dias que ele está aí...* **40** *Respondeu-lhe Jesus: Não te disse eu:*

Se creres, verás a glória de Deus? Tiraram, pois, a pedra.
41 *Levantando Jesus os olhos ao alto, disse: Pai, rendo-te graças, porque me ouviste.* **42** *Eu bem sei que sempre me ouves, mas falo assim por causa do povo que está em roda, para que creiam que tu me enviaste.* **43** *Depois destas palavras, exclamou em alta voz: Lázaro, vem para fora!* **44** *E o morto saiu, tendo os pés e as mãos ligados com faixas, e o rosto coberto por um sudário. Ordenou então Jesus: Desligai-o e deixai-o ir.*

›

Jesus chorou diante de Lázaro, Seu amigo. Chorou diante da morte, da perda, ou chorou pela falta de fé daquelas pessoas que não acreditavam Nele depois de tantas demonstrações de amor e de poder?

De qualquer forma, Jesus chorou. Jesus amava Maria, Marta e Lázaro. Já tinha ido à casa deles, tinha alegria em conviver com os Seus amigos. Não queria vê-los tristes. A morte causa tristeza, mas não precisa causar desespero. A morte traz a consciência da limitação do tempo neste mundo.

Jesus ressuscitou Lázaro, mas, anos depois, Lázaro morreu como morreremos todos nós. A fé nos sereniza. Choramos a ausência física, mas confiamos na palavra de Jesus. Disse Ele das muitas moradas da casa do Pai.

Todos nós experimentamos a perda de alguém que amamos. A morte nos incomoda porque é misteriosa. Não sabemos com detalhes como é a vida eterna. Isso não foi revelado. Mas sabemos as riquezas que temos nesta vida. O Pai criou o mundo como expressão do Seu amor. Somos todos diferentes. Os animais também. Sons, tamanhos, tipos, cenários etc. Regiões com climas diferentes. Há beleza em tudo o que o Pai nos deu e nos dá de presente. Por que, então, a vida eterna seria menos bela? Por que a morte não seria uma passagem para uma vida ainda mais plena? É a fé que nos tranquiliza e é o amor que nos impulsiona a viver todos os dias como se fosse o último. Viver intensamente e intensamente se preparar para a outra vida.

Recebi de um dos meus ouvintes esta linda história, não sei quem é o autor, de qualquer forma partilho com vocês.

Uma vez uma garotinha, com os olhos cheios de água e o coração inundado pela tristeza, trazia o peito oprimido pelo sentimento de dor causado pela morte do seu cão de estimação. Com pesar, observava, atenta, o jardineiro enterrar o corpo do amigo de tantas brincadeiras. A cada pá de terra jogada sobre o animal, sentia como se sua felicidade estivesse sendo soterrada também.

O avô, que observava a neta, aproximou-se, envolveu-a num abraço e falou-lhe com serenidade: "Triste a cena, não é verdade?". A netinha ficou ainda mais triste e as lágrimas rolaram em abundância.

No entanto, o avô, que sinceramente desejava confortá-la, chamou-lhe a atenção para outra realidade. Tomou-a pela mão e a conduziu até uma janela opostamente localizada na ampla sala. Abriu as cortinas e permitiu que ela visse o imenso jardim florido à sua frente, e lhe perguntou carinhosamente: "Está vendo aquele pé de rosas amarelas, bem ali à frente? Lembra que você me ajudou a plantá-lo? Foi num dia de sol como o de hoje que nós dois o plantamos. Era apenas um pequeno galho cheio de espinhos, e hoje... veja como está lindo, carregado de flores perfumadas e botões como promessa de novas rosas...".

A menina enxugou as lágrimas que ainda teimavam em permanecer em suas faces e abriu um largo sorriso, mostrando as abelhas que pousavam sobre as flores e as borboletas que faziam festa entre uma e outra, das tantas rosas de variados matizes, que enfeitavam o jardim. O avô, satisfeito por tê-la ajudado a superar o momento de dor, falou-lhe com afeto: "Veja, minha filha, a vida nos oferece sempre várias janelas".

É essa a perspectiva que precisamos ter. Chorar pela perda faz parte do sentimento humano. Mas ficar diante da janela da perda faz parte de uma busca pela infelicidade. É preciso olhar por outras janelas. Quantas histórias de dor eu presenciei em que pais que perderam

filhos e sofreram a inversão da lógica da vida conseguiram com muita fé olhar para outro cenário. Mulheres
que perderam o marido e entenderam que a dor da saudade não poderia substituir o sorriso da convivência
com os filhos e os netos.

Não estou banalizando os sentimentos. Eu também já
sofri pela perda de pessoas queridas. Já senti a ausência
física e já rezei com os meus irmãos em busca das bênçãos
de Deus. Em família, uma família de milhões, rezamos
juntos: "Saudade sim, tristeza não"! O sentido da tristeza
aqui não é a lágrima caída, não é a ausência do abraço do
irmão que se foi. A tristeza aqui tem um sentido de aco-
modação na dor. A dor deve nos aproximar do que somos
e nos levar ao encontro de algo maior. E como os amigos
são essenciais nesses momentos!

Nessa passagem do Evangelho, Jesus nos fala também
da importância de viver com amigos. Lázaro era amigo
de Jesus. Um amigo imperfeito, mas nem por isso menos
amigo. Temos amigos imperfeitos, mas é o que temos. E
somos também imperfeitos diante dos nossos amigos.
É o que somos. Tudo o que há nessa vida é perfeito como
criação e imperfeito como resultado da ação humana.

O monsenhor Jonas Abib, por quem tenho profunda
admiração, fundador da Comunidade Canção Nova, em
uma de suas célebres homilias conclamava as pessoas a
pedirem perdão umas às outras pelas imperfeições. Dizia

ele que todos nós estamos em construção e, portanto, devemos pedir desculpas pelos incômodos. Estamos em construção. Não estamos prontos.

A amizade é um alívio diante das nossas perdas, das nossas mortes. Há a morte terrena, mas há tantas outras que enfrentamos cotidianamente. As decepções, as traições, os abandonos, a solidão.

Jesus chorou como prova da sensibilidade diante da dor. Jesus é sensível à dor. Ele não está ausente quando a dor fala mais alto, ao contrário, está sempre presente, como conta a história e a canção das pegadas na areia; nos momentos mais difíceis, só há duas pegadas porque Jesus nos carrega no colo.

›

ORAÇÃO

Senhor,
Escuta a minha oração.
Eu tenho medo da morte, Senhor.
Eu tenho medo da separação.
Eu tenho medo da dor.
Senhor,
Eu já chorei, já sofri e continuo triste.
Eu Te peço o dom da alegria.
Que os meus dias possam ser iluminados pela
    alegria.
Que a tristeza não fique por muito tempo.
Na separação eu aceito a saudade, não o
    desespero.
Nas perdas, que eu ganhe aprendendo.
Nos tombos, que eu ganhe levantando.
Na morte, que eu ganhe vivendo.
Senhor,
Escuta a minha oração.

Amém.

[8]

Jesus lava os pés de seus discípulos

Evangelho de São João

CAPÍTULO 13

1 *Antes da festa da Páscoa, sabendo Jesus que chegara a sua hora de passar deste mundo ao Pai, como amasse os seus que estavam no mundo, até o extremo os amou.* **2** *Durante a ceia — quando o demônio já tinha lançado no coração de Judas, filho de Simão Iscariotes, o propósito de traí-lo —,* **3** *sabendo Jesus que o Pai tudo lhe dera nas mãos, e que saíra de Deus e para Deus voltava,* **4** *levantou-se da mesa, depôs as suas vestes e, pegando duma toalha, cingiu-se com ela.* **5** *Em seguida, deitou água numa bacia e começou a lavar os pés dos discípulos e a enxugá-los com a toalha com que* *estava cingido.* **6** *Chegou a Simão Pedro. Mas Pedro lhe disse: Senhor, queres lavar-me os pés!...* **7** *Respondeu-lhe Jesus: O que faço não compreendes agora, mas compreendê-lo-ás em breve.* **8** *Disse-lhe Pedro: Jamais me lavarás os pés!... Respondeu-lhe Jesus: Se eu não tos lavar, não terás parte comigo.* **9** *Exclamou então Simão Pedro: Senhor, não somente os pés, mas também as mãos e a cabeça.* **10** *Disse-lhe Jesus: Aquele que tomou banho não tem necessidade de lavar-se; está inteiramente puro. Ora, vós estais puros, mas nem todos!...* **11** *Pois sabia quem o havia de trair; por isso, disse: Nem todos estais puros.* **12** *Depois de lhes lavar os pés e tomar as suas vestes, sentou-se novamente à mesa e perguntou-lhes: Sabeis o que vos fiz?* **13** *Vós me chamais Mestre e Senhor, e dizeis bem, porque eu o sou.* **14** *Logo, se eu, vosso Senhor e Mestre, vos lavei os pés, também vós deveis lavar-vos os pés uns aos outros.* **15** *Dei-vos o exemplo para que, como eu vos fiz, assim façais também vós.* **16** *Em verdade, em verdade vos digo: o servo não é maior do que o seu Senhor, nem o enviado é maior do que aquele que o enviou.* **17** *Se compreenderdes estas coisas, sereis felizes, sob condição de as praticardes.*

›

O mestre lava os pés dos seus discípulos. O mestre é o que ensina a servir. Quem tem o poder, de fato, é aquele que tem o poder de servir.

Antes da Última Ceia, Jesus resolve dar uma lição de humildade aos seus discípulos.

A palavra humildade vem do latim *humilitas* e tem o significado de "pouca elevação, pequena estatura". Em sentido figurado, quer dizer modéstia, comedimento, simplicidade. Em sentido cristão, capacidade de servir.

Jesus nos ensina a reconhecer a nossa condição de seres limitados. Não há filho de Deus de primeira categoria e de segunda categoria. Não há viajante, na estrada da vida, de classe executiva ou econômica. Somos todos feitos do mesmo barro, da mesma condição humana, dos mesmos riscos de pecado e das mesmas possibilidades de santidade.

Um líder verdadeiro não usa o poder para proveito próprio, não ostenta o cargo que tem, até porque todos os cargos são passageiros. Nada nos garante a permanência neste reino. Nascemos para a eternidade. O dinheiro não nos poupa da morte, nem os cargos, nem os títulos, nem as condecorações. Evidentemente, podemos nos valer dos bens materiais, podemos evoluir, podemos ocupar cargos de destaque. Temos inteligência para isso. O que não podemos é nos tornar servos desses bens ou dessas glórias. Quem assim age acaba indo ao encontro da própria ruína. Tudo isso é passageiro. E o ser humano tem de buscar em sua vida o que não passa. O que é eterno. O que não se corrompe com o tempo.

São João da Cruz nos ensina:

> Agrada mais a Deus uma obra, por pequena que seja, feita às escondidas e sem desejo que saiba, do que mil feitas com desejo de que os homens as saibam, pois quem trabalha por Deus com amor puríssimo, não somente não se lhe dá que os homens o vejam, mas nem mesmo faz as obras para que Deus as saiba, e mesmo que nunca Ele as viesse saber, não deixaria de prestar-lhe os mesmos serviços, e isto com a mesma alegria e pureza de amor.

É esse o amor que não tem amarras, a beleza da discrição, da simplicidade. Quantas vezes algumas pessoas são descartadas por demonstrarem pouca habilidade com alguma área da inteligência. Triste postura arrogante que tem a pretensão de diminuir o outro. Há espaço para todos. E há virtude em compreender as diferenças sem preconceito.

São João Maria Vianney, padroeiro dos párocos, é um exemplo de que a inteligência prática tem tanta importância quanto a teórica. A infância de João foi marcada pela Revolução Francesa. Ele nasceu no dia 8 de maio de 1786, na cidade de Dardilly, perto de Lion. Desde cedo, quis ser sacerdote, mas enfrentava uma árdua luta contra as dificuldades nos estudos. Era-lhe impossível memorizar o que dele era exigido. Entretanto, seu amor por Deus e pelos irmãos era a prova de que era possível prosseguir. Foi ordenado sacerdote em 1815. Poucos anos depois, em 1818, seus superiores o enviaram para a paróquia de Ars, um vilarejo distante. Ele aceitou o posto porque nenhum outro sacerdote quis ir.

O novo padre chegou com toda a humildade que marcava a sua vida e com o ardente desejo de ajudar seus irmãos a conhecer Jesus. Ele era da Ordem Terceira e havia assimilado os ensinamentos de São Francisco. Ser um pobre como os pobres. Ser irmão de todos.

Era um exemplo de confessor. Em sua biografia, há relatos de que ele permanecia até dezoito horas por dia no confessionário para atender a todas as pessoas que precisavam da misericórdia de Deus. Com isso, atraía pessoas de todas as regiões da França e de outros países da Europa. Era um padre com imensa capacidade de ouvir a dor e de acender a chama da esperança.

O padre dos padres se alimentava na oração. Acreditava firmemente que precisava se abastecer da graça de Deus para partilhá-la com os irmãos. Passava horas diante do Santíssimo Sacramento pedindo ao Senhor o dom da sabedoria. Em sua humildade, compreendeu que uma das virtudes da sabedoria é saber ouvir e saber compreender o irmão.

São João Maria Vianney morreu aos 73 anos, provando que com humildade é mais fácil servir a Deus, viver o amor.

Poderia citar tantos outros santos como exemplo de humildade. São Benedito preferia a cozinha. Gostava de cuidar do convento e das pessoas mais necessitadas que viviam à espera da solidariedade.

Há, em sua biografia, um episódio em que o santo, que com frequência retirava comida do convento para dar aos pobres, encontrou-se com o superior do convento. Ele não havia pedido autorização e competia ao superior decidir a quem dar os alimentos e o tipo de alimento que poderia ser distribuído aos pobres. Até porque eles não tinham tanta fartura no convento. Mas Benedito se preocupava mais com os famintos das ruas da cidade do que com algumas exigências internas. Porém o novo superior do convento quis surpreendê-lo e viu que o santo escondia os mantimentos embaixo do manto.

— O que escondes aí, embaixo de teu manto, irmão Benedito?

Com muita humildade e certamente com inspiração divina ele respondeu:

— Rosas, meu senhor. Apenas rosas.

O superior determinou:

— Mostre-me, então.

E, abrindo o manto, de fato, caíram ao chão rosas de grande beleza, e não os alimentos de que suspeitava o superior.

A humildade nos aproxima de Deus. A humildade nos revela Deus. Nas pequenas coisas do dia a dia experimentamos a presença de Deus. A humildade retira o véu que nos impede de contemplar a criação com os nossos próprios olhos. E tudo foi criado para nós. Para que vivêssemos e convivêssemos plenos de amor. Ágape.

›

ORAÇÃO

Senhor,

Eu Te peço o dom da humildade.

Eu não quero ser arrogante, não quero ser maior
do que os meus irmãos.

Eu Te peço o dom da humildade.

Quero me lembrar sempre de que sou pó e ao pó
haverei de voltar.

Eu Te peço o dom da humildade.

Quero servir com amor sem esperar nada em troca.

Eu Te peço o dom da humildade.

Quero viver cada dia lembrando-me de Teus
ensinamentos.

Eu Te peço a dom da humildade.

Quero cuidar e permitir que cuidem de mim sem
nenhuma arrogância.

Eu Te peço o dom da humildade.

Quero ser um servidor.

Eu Te peço o dom da humildade.

Amém.

[9]

Amor fraterno

Evangelho de São João

CAPÍTULO 15

12 *Este é o meu mandamento: amai-vos uns aos outros, como eu vos amo.* **13** *Ninguém tem maior amor do que aquele que dá a sua vida por seus amigos.* **14** *Vós sois meus amigos, se fazeis o que vos mando.* **15** *Já não vos chamo servos, porque o servo não sabe o que faz seu senhor. Mas chamei-vos amigos, pois vos dei a conhecer tudo quanto ouvi de meu Pai.* **16** *Não fostes vós que me escolhestes, mas eu vos escolhi e vos constituí para que vades e produzais fruto, e o vosso fruto permaneça. Eu assim vos constituí, a fim de que tudo quanto pedirdes ao Pai em meu nome, ele vos conceda.* **17** *O que vos mando é que vos ameis uns aos outros.*

Aqui está o maior de todos os mandamentos: o amor. Desde o Antigo Testamento, Deus se comunica pelo amor. A existência do universo é uma prova de amor. A aliança é uma prova de amor. Os profetas que fazem com que a esperança continue viva são uma prova de amor. O Ágape divino é a razão primeira da existência do universo e da história.

O amor não é uma imposição intrusa, externa. É uma condição própria do homem. O amor anima, isto é, dá alma à existência humana. O amor traz o significado à vida. Os gregos falavam dos três tipos de amor: *Eros*, *Filia* e *Ágape*. *Eros* é o mais aprisionado, brincalhão. *Filia* é amizade. E *Ágape* é divino. É amor que não exige retribuição. É puro. É livre.

Em toda a história da salvação, percebemos o amor de Deus pelos seus filhos. A vida de Jesus é uma surpreendente história de amor. Um amor que primeiro cuida, depois orienta. É como a mãe que vê o seu filho machucado por ter quebrado a mesa de vidro. Primeiro ela cuida dos ferimentos, acalma o nervosismo, embala no colo. Depois orienta para que o erro não se repita.

O amor cristão faz com que repitamos as primeiras comunidades que estão retratadas no início dos Atos dos Apóstolos. O Senhor ia reunindo mais e mais pessoas, e a Igreja ia crescendo porque eles se amavam. Aliás, os cristãos eram conhecidos pelos não cristãos pela seguinte expressão: "Vede como eles se amam". E esse testemunho fazia com que mais e mais pessoas quisessem aderir ao cristianismo. O amor foi a principal virtude para que a Igreja, no início tímida e pequena, fosse angariando mais seguidores.

Meus irmãos, não há nada mais bonito do que uma comunidade que se ama. Um padre se realiza como pastor quando vê o amor entre as suas ovelhas. Um pai se acalma quando percebe o amor entre os irmãos. Um amor que constrói, que edifica, que ilumina e supre tantas outras necessidades de que já falamos.

A ausência de amor, ao contrário, traz os piores sentimentos. A inveja, o orgulho, a prepotência, o desrespeito, a injustiça. Quem ama é justo. Quem ama é verdadeiro. Quem ama é paciente. Lembremo-nos dos ensinamentos de São Paulo em sua carta aos Coríntios. O amor é ainda maior do que a fé e a esperança. O outro nome do amor é a caridade. A caridade não é *Eros*, nem *Filia*. É *Ágape*.

Há um conto chinês que narra a história de um jovem que foi visitar um sábio conselheiro e lhe falou sobre as dúvidas que tinha a respeito de seus sentimentos por uma bela moça.

O sábio escutou-o, olhou-o nos olhos e disse-lhe apenas uma coisa: "Ame-a".

E logo se calou.

O rapaz, insatisfeito, acrescentou: "Mas ainda tenho dúvidas...".

Novamente, o sábio lhe disse: "Ame-a".

E, diante do desconcerto do jovem, depois de um breve silêncio, continuou:

> Meu filho, amar é uma decisão, não um sentimento. Amar é dedicação. Amar é um verbo e o fruto dessa ação é o amor. O amor é um exercício de jardinagem. Arranque o que faz mal, prepare o terreno, semeie, seja paciente, regue e cuide. Esteja preparado porque haverá pragas, secas ou excesso de chuvas, mas nem por isso abandone o seu jardim. Ame, ou seja, aceite, valorize, respeite, dê afeto, ternura, admire e compreenda. Simplesmente: Ame! A vida sem AMOR... não tem sentido.

E ainda prosseguiu o sábio:

A inteligência sem amor te faz perverso.

A justiça sem amor te faz implacável.

A diplomacia sem amor te faz hipócrita.

O êxito sem amor te faz arrogante.

A riqueza sem amor te faz avarento.

A docilidade sem amor te faz servil.

A pobreza sem amor te faz orgulhoso.

A beleza sem amor te faz ridículo.

A autoridade sem amor te faz tirano.

O trabalho sem amor te faz escravo.

A simplicidade sem amor te deprecia.

A lei sem amor te escraviza.

A política sem amor te deixa egoísta.

A vida sem AMOR... não tem sentido.

O amor dá significado às relações. Tornamo-nos mais dóceis, mais inteiros, mais comprometidos com o outro. Enfrentamos a dor com mais grandeza. O saudoso Papa João Paulo II foi a grande prova de uma vida dedicada ao amor. O seu perdão ao homem que desferiu tiros contra ele foi comovente. Sua peregrinação pelo mundo foi em defesa da paz.

Vivi um momento inesquecível ao lado de Dom Fernando Figueiredo, meu bispo, quando fomos a Roma entregar a ele o filme *Maria, a mãe do Filho de Deus*. Visitamos depois o cardeal Ratzinger, cuja singeleza comprovou a tese de que os grandes homens são profundamente simples.

Quando da celebração dos cinco anos de falecimento do Papa João Paulo II, o Papa Bento XVI disse que o seu antecessor era movido pelo amor a Cristo, a quem havia dedicado sua vida, um amor sobreabundante e incondicional. Disse Bento XVI:

Foi precisamente porque se aproximou cada vez mais de Deus no amor que ele pôde tornar-se companheiro de viagem para o homem de hoje, derramando no mundo o perfume do amor de Deus (...).

A progressiva fraqueza física, de fato, não corroeu jamais sua fé rochosa, sua luminosa esperança, sua fervente caridade.

Ele se deixou consumir por Cristo, pela Igreja, pelo mundo inteiro: seu sofrimento foi vivido até o final por amor e com amor (...) esse amor de Deus, que vence tudo.

Há líderes políticos que conseguiram apreender essa lição. Gandhi fez uma grande peregrinação pela não violência. Comoveu uma nação. Jejuou. Tentou compreender as diferenças religiosas, tudo em busca de um mundo não violento. Parecia ingênua sua proposta de paz, mas o tempo provou que ele estava correto. Aquele homem franzino se fez gigante e poderoso pela grande causa que abraçou.

Nelson Mandela é outro exemplo de grandeza de alma. Ficou preso durante 27 anos e saiu da prisão disposto a amar. É dele esta preciosidade:

Ninguém nasce odiando outra pessoa
pela cor de sua pele,
ou por sua origem, ou sua religião.
Para odiar, as pessoas precisam aprender,
e se elas aprendem a odiar,
podem ser ensinadas a amar,
pois o amor chega mais naturalmente
ao coração humano do que o seu oposto.
A bondade humana é uma chama que pode
ser oculta, jamais extinta.

É preciso resgatar essa capacidade de amor. O ódio é uma forma mesquinha de resolver os conflitos. A violência real ou simbólica nos afasta de Deus e de nossos irmãos.

Toda a lei se resume neste lindo ensinamento de Jesus: "Este é o meu mandamento: amai-vos uns aos outros, como eu vos amo".

Santo Agostinho filosofa, explicando esse mandamento:

Ama e faz o que quiseres.
De uma vez por todas, uma pequena regra é exigida de ti: ama e faz o que desejas. Se tu manténs o silêncio, faz isso por amor; se gritas, faze-o por amor. Se evitas punir, faz isso por amor.

Cultiva em ti a planta do amor, pois dela só poderá vir o que é verdadeiramente bom.
Por amor.

Quem ama nunca faz o mal, e é para o bem que nascemos!

›

ORAÇÃO

Senhor, Deus do Amor, ensina-me a amar.

Mesmo que meus olhos se fechem,

Ensina-me a amar.

Mesmo que meus ouvidos se ensurdeçam,

Ensina-me a amar.

Mesmo que minha boca silencie,

Ensina-me a amar.

Mesmo que meus braços e pernas se cansem,

Ensina-me a amar.

Mesmo que o mundo me apresente outros valores,

Ensina-me a amar.

Mesmo que os meus irmãos me traiam,

Ensina-me a amar.

Mesmo que a esperança se vá,

Ensina-me a amar.

Mesmo nos momentos sem fé,

Ensina-me a amar.

Eu quero amar, Senhor.

Primeiro a Vós e depois aos meus irmãos.

Quero amar a mim mesmo, sem egoísmos, mas como
templo do Vosso Santo Espírito.

Amém.

[10]

Crucificação

Evangelho de São João

CAPÍTULO 19

17 *Levaram então consigo Jesus. Ele próprio carregava a sua cruz para fora da cidade, em direção ao lugar chamado Calvário, em hebraico Gólgota.* **18** *Ali o crucificaram, e com ele outros dois, um de cada lado, e Jesus no meio.* **19** *Pilatos redigiu também uma inscrição e a fixou por cima da cruz. Nela estava escrito: Jesus de Nazaré, rei dos judeus.* **20** *Muitos dos judeus leram essa inscrição, porque Jesus foi crucificado perto da cidade e a inscrição era redigida em hebraico, em latim e em grego.* **21** *Os sumos sacerdotes dos judeus disseram a Pilatos: Não escrevas: Rei dos judeus, mas sim: Este homem disse ser o rei dos judeus.* **22** *Respondeu Pilatos: O que escrevi, escrevi.* **23** *Depois de* *os soldados crucificarem Jesus, tomaram as suas vestes e fizeram delas quatro partes, uma para cada soldado. A túnica, porém, toda tecida de alto a baixo, não tinha costura.* **24** *Disseram, pois, uns aos outros: Não a rasguemos, mas deitemos sorte sobre ela, para ver de quem será. Assim se cumpria a Escritura: Repartiram entre si as minhas vestes e deitaram sorte sobre a minha túnica (Sl 21,19). Isso fizeram os soldados.* **25** *Junto à cruz de Jesus estavam de pé sua mãe, a irmã de sua mãe, Maria, mulher de Cléofas, e Maria Madalena.* **26** *Quando Jesus viu sua mãe e perto dela o discípulo que amava, disse à sua mãe: Mulher, eis aí teu filho.* **27** *Depois disse ao discípulo: Eis aí tua mãe. E dessa hora em diante o discípulo a levou para a sua casa.*

›

É muito conhecida de todos nós essa passagem bíblica da morte de Jesus. O amor, aparentemente, foi vencido pelo ódio. A dor da flagelação, da humilhação, do abandono. O povo que aplaudiu Jesus condenou-o influenciado pelos sumos sacerdotes judeus. O povo que recebeu Jesus como um grande líder mudou de opinião. Julgou. Pilatos lavou as mãos. Não quis se comprometer, mas se comprometeu. E Jesus carrega nos ombros os pecados de todos nós.

Do alto da cruz, Jesus entrega sua mãe ao discípulo amado, João. E pede que um cuide do outro. Jesus entrega a humanidade à sua mãe. Que a serenidade de Maria seja uma inspiração para todas as mulheres e todos os homens.

Por que Jesus foi condenado? Por que não aceitou participar do jogo de poder do seu tempo? Por que era uma ameaça ao poder reinante? Por que falava de amor? Por que parecia utópico? Por que não se fez rei como os reis do mundo? Por que não aceitava a violência, não pegava em armas, não quis ter um exército?

Por que Jesus foi condenado? Não me refiro aqui ao plano da salvação, mas à mudança de opinião daqueles que, na mesma semana, o aclamaram dando vivas em sua entrada triunfal na cidade de Jerusalém. Por que, repito, aquelas pessoas mudaram de opinião? Será que somos tão influenciáveis? Gostamos de alguém, admiramos alguém, e um boato qualquer faz com que essa imagem seja destruída.

Como a inveja faz mal! Como a língua tem um poder destruidor! Talvez a maior parte de nós tenha sido vítima de boatos e, com certeza, sofre com isso. Se experimentamos na pele essa dor, por que fazemos isso com os outros?

São Filipe Néri era um padre conhecido pelas penitências criativas que dava aos seus fiéis. Certa vez uma mulher veio se confessar com ele, dizendo que cometia o pecado de falar mal do próximo. Disse ainda que depois que se confessava acabava incorrendo novamente no mesmo pecado. São Filipe Néri ouviu atentamente a confissão da mulher e lhe deu a seguinte penitência: ela deveria depenar uma galinha, caminhando pelas ruas de Roma, e depois deveria voltar para continuar a penitência. Assim fez a mulher. Depenou a galinha, caminhando pelas ruas de Roma, e voltou para junto do padre. Quando perguntou o que mais teria de fazer, São Filipe foi certeiro: "Agora, volta por todas as ruas pelas quais caminhaste e recolhe uma a uma as penas da galinha. E presta atenção, não deixes uma pena sequer esquecida".

A mulher retrucou: "Mas, padre, isso é impossível! Tinha tanto vento que nunca poderei recolher todas as penas".

"Eu sei, minha filha. Espero que tu tenhas compreendido a lição. A tua maledicência se parece com essas penas. As palavras ditas sem compaixão se espalham e depois não há como recolhê-las."

O boato é assim. A fofoca é devastadora. Antes de proferir uma palavra, nós somos os seus senhores. Depois que elas saem, somos os seus servos.

Santa palavra. Começamos nossas reflexões falando do Verbo. E o Verbo tem esse poder de construir. E deve ser usado para construir. A palavra, quando destrói, o faz de forma cruel. Quantos casamentos são desfeitos pela palavra mal colocada, quantas amizades terminam pela palavra mal proferida. Quantas pessoas se esforçam para destruir, e não para construir. Trazem a infelicidade às vidas alheias e às próprias.

Boatos, fofocas, intrigas. E a morte continua surtindo efeito. Jesus morreu para nos religar com o Amor. A morte é como uma ponte que nos conduz para a vida nova. É preciso apenas caminhar. O esforço maior já foi feito. A cruz mais pesada já foi carregada. A promessa do Pai, o Ágape, foi cumprida. Cabe a nós apenas assumirmos essa salvação vivendo em nosso dia a dia o amor.

A cruz é um acontecimento central na história da salvação. Sem a morte, não haveria a Ressurreição. A morte é um sinal da obediência de Jesus ao Pai. De uma obediência que não termina com a morte porque Deus é maior do que a morte.

São Paulo dizia que o Messias crucificado é um escândalo para os judeus e loucura para os gentios. Os chefes dos judeus, com a morte de Jesus, querem atribuir a ele a característica de um líder carismático, porém subversivo, perigoso. A cruz era a humilhação máxima. Antes, a coroação de espinhos, a flagelação. Tudo isso para destruir a imagem desse novo líder que surgia e que representava um perigo para o poder dominante. Para Santa Terezinha do Menino Jesus, "a cruz é loucura de amor, que se paga somente com amor!".

A cruz é sinal de entrega. É a maior prova de amor. Os pecados dos homens estavam pregados naquele madeiro. A aliança estava sendo restabelecida.

Santa Teresa de Ávila, a santa apaixonada, a Doutora da Igreja, tem um lindo poema sobre a cruz:

Gostosa quietação da minha vida,
sê bem-vinda, cruz querida.
Ó bandeira que amparaste
o fraco e o fizeste forte!
Ó vida da nossa morte,
quão bem a ressuscitaste!
O Leão de Judá domaste,
pois por ti perdeu a vida.
Sê bem-vinda, cruz querida.
Quem não te ama vive atado,
e da liberdade alheio;
quem te abraça sem receio
não toma caminho errado.

Oh! ditoso o teu reinado,
onde o mal não tem cabida!
Sê bem-vinda, cruz querida.
Do cativeiro do inferno,
ó cruz, foste a liberdade;
aos males da humanidade
deste o remédio mais terno.
Deu-nos, por ti, Deus Eterno
alegria sem medida.
Sê bem-vinda, cruz querida.

Receber a cruz como bem-vinda é reconhecer que o calvário precisará ser percorrido nesta vida terrena. A santa se encanta com a ação de Jesus, com Sua predileção pelos que mais precisam. E a cruz não retira de nós a "alegria sem medida".

Santa Terezinha do Menino Jesus sempre foi fiel à sua entrega. Sem sair do convento, tornou-se padroeira das missões pela sua dedicação à oração. Ela era a mais jovem de uma família de religiosas. Como sua irmã era priora do Carmelo, submeteu Terezinha às mais intensas humilhações para mostrar que não era protegida. Morreu cedo a menina Terezinha. Morreu como um sinal de que o amor torna a vida mais intensa, mais longa.

> Minha vida não passa de um instante,
> uma hora passageira.
> Minha vida não é mais que um só dia que
> me escapa e que foge.
> Tu bem sabes, ó meu Deus! Para amar-te
> sobre a terra
> Não tenho senão o hoje!

Sobre o poder da oração escreve a santa:

Para mim, a oração é um impulso do coração, um simples olhar lançado aos céus, um grito de reconhecimento e de amor, tanto em meio às provas, como às alegrias; enfim, é algo de muito grande, de sobrenatural que me dilata a alma e me une a Jesus.

Como Santa Teresa e Santa Teresinha, há tantas outras mulheres e homens que fizeram da cruz uma lição de amor.

A cruz gloriosa, como dizia Santa Terezinha do Menino Jesus: "Tenho a vocação de apóstolo... gostaria de percorrer a terra, propagar o teu nome e plantar a cruz gloriosa no solo infiel".

Em solo brasileiro, outra notável mulher semeou o amor em ação cuidando dos mais pobres, dos mais pequeninos, cumprindo a razão da cruz de Jesus. Irmã Dulce não foi somente a mulher da ação, dos milagres cotidianos, das obras de caridade.

Escreveu ela, em trecho que li no belo livro *Irmã Dulce — o anjo bom da Bahia*:

> Toda a nossa força — está na oração. Sem ela, não podemos fazer nada.
> É por intermédio da oração que obtemos de Deus as graças necessárias para executar bem nossa missão entre os pobres. Somos criaturas humanas, frágeis e sujeitas às tentações. Através da oração, Deus nos transmite todas as graças de que necessitamos para levar a cabo o nosso trabalho de amor

e de dedicação sem reservas aos nossos irmãos sofredores, os pobres.

A oração é o alimento da nossa alma, não podemos viver sem rezar: ela pode ser feita em qualquer lugar, a qualquer momento. Podemos rezar até mesmo enquanto dormimos, oferecendo a Deus a nossa respiração como pedido de perdão pelos pecados, nossos e do mundo inteiro, e cada palpitação do coração, como um gesto de amor oferecido a Deus, que tanto nos amou e ama. Assim, mesmo dormindo, rezamos.

Essa oração dá significado à vida. À vida de Irmã Dulce, à vida de todos nós. Uma vida de leveza, de gestos de amor, de ação caridosa. Caridosa e feliz, assim era Irmã Dulce, como contam as pessoas que tiveram a oportunidade de conviver com ela. Dizem que depois de um intenso dia de trabalho, era comum ver Irmã Dulce voltando para casa, cantarolando. Sua felicidade era tão contagiante que muitas vezes as outras irmãs aguardavam seu retorno para cantarem junto com ela.

Essa felicidade é como uma suave recompensa pela ação nobre, pelo movimento em direção ao outro, ao nosso irmão. É uma sensação experimentada por tantas mulheres e homens que deixam de lado os seus afazeres pessoais para cuidar daqueles que mais precisam.

ORAÇÃO

Meu Senhor amado,

Eu agradeço o Teu sangue derramado.

Eu agradeço o calvário pelos meus pecados.

Eu agradeço a Tua humildade em aceitar até o fim a
Tua missão.

Meu Senhor amado,

O ódio não venceu o amor.

O ódio não pode vencer o amor, nunca!

Eu te peço pelos ódios que ainda frequentam os
meus pensamentos.

Eu te peço pelos ódios que ainda frequentam as
minhas ações, as minhas palavras.

Liberta-me, Senhor, do mal do ódio. Liberta-me,
Senhor, do mal da fofoca.

Liberta-me, Senhor, do mal da ausência de amor.

Eu quero dizer sim ao Teu projeto de amor.

Que a minha vida seja salva pela Tua vida e pelo
meu sim.

Eu sou livre, Senhor. Tua vida me faz livre. Tua morte
me faz livre. Tua Ressurreição me faz livre.

Meu Senhor amado,

Eis-me aqui, salvo e liberto pelo Teu sangue.

Eis-me aqui, salvo e liberto pela Tua glória.

Em Tuas mãos, Senhor, eu coloco as minhas ações
e as minhas intenções.

Eu quero ser como João, cuidado pela Tua mãe,
pela minha mãe.

Eu quero ser como João, responsável por cuidar e
amar.

Eis-me aqui, Senhor, falho, pecador, mas cheio de
amor.

Faça-se em mim a Tua vontade, como Maria, com
Maria.

Amém.

[11]

Aparição aos discípulos

Evangelho de São João

CAPÍTULO 20

19 *Na tarde do mesmo dia, que era o primeiro da semana, os discípulos tinham fechado as portas do lugar onde se achavam, por medo dos judeus. Jesus veio e pôs-se no meio deles. Disse-lhes ele: A paz esteja convosco!* **20** *Dito isso, mostrou-lhes as mãos e o lado. Os discípulos alegraram-se ao ver o Senhor.* **21** *Disse-lhes outra vez: A paz esteja convosco! Como o Pai me enviou, assim também eu vos envio a vós.* **22** *Depois dessas palavras, soprou sobre eles dizendo--lhes: Recebei o Espírito Santo.* **23** *Àqueles a quem perdoardes os pecados, ser-lhes-ão perdoados; àqueles a quem os retiverdes, ser-lhes-ão retidos.*

Jesus ressuscitou. É essa a razão da nossa fé. A Páscoa é a maior festa do calendário cristão. Na Páscoa antiga, celebrávamos a passagem da escravidão para a libertação. Era o povo de Deus saindo do Egito e indo para a Terra Prometida. Na Páscoa da Nova Aliança, celebramos a passagem da morte para a vida. Se Cristo não tivesse ressuscitado, nossa fé não teria sentido, ensina-nos São Paulo. Cristo ressuscitou. É essa a boa-nova. A Ressurreição nos traz uma nova perspectiva. O ódio não venceu o amor, a morte não venceu a vida. O poder de quem condenou Jesus foi um poder mesquinho, pequeno. Ele foi muito maior. Jesus venceu a morte e nos trouxe um amanhecer iluminado. Já falamos em luz. Mas é essa a novidade da Ressurreição. As trevas da morte não foram suficientemente fortes para impedir o amanhecer luminoso da Páscoa.

E Jesus surge diante dos discípulos e traz a sua palavra de vida: "A paz esteja convosco!". É essa palavra que nós, os cristãos, temos de repetir e fazer ecoar em todos os cantos do mundo até para cumprirmos o envio que Ele nos faz: "Como o Pai me enviou, assim também eu vos envio a vós". Jesus envia os sacerdotes, Jesus envia as mulheres, os homens, os jovens, os idosos, as crianças. Jesus envia a todos nós para que proclamemos ao mundo essa realidade: "A paz esteja convosco!".

No rito da comunhão, o sacerdote repete esse ensinamento: "A paz esteja convosco!". E o povo responde: "O amor de Cristo nos uniu".

É o amor de Cristo que nos une. Ágape nos une. O amor criador, o amor salvador, o amor santificador. A trindade nos une para proclamarmos que a paz é o nosso sonho, o nosso desafio.

Irmãos queridos, tenho experimentado, em histórias partilhadas de vidas sofridas, a ausência da paz. Paz não é ausência de guerra. Paz não é omissão. É ação. Paz é presença de amor. De um amor que nos envolve, que nos protege, que nos prepara para um novo anúncio.

A Pastoral da Criança elaborou uma bonita resposta para a questão: "Afinal, o que é a paz?".

Paz não é apenas a ausência de guerra entre os países.

Paz é garantir que todas as pessoas tenham moradia, comida, roupa, educação, saúde, amor, compreensão, ou seja, boa qualidade de vida.

Paz é cuidar do ambiente em que vivemos, garantir a boa qualidade de água, o saneamento básico, a despoluição do ar, o bom aproveitamento da terra.

Paz é buscar a serenidade dentro da gente para viver com alegria os bons momentos, ter força e boas ideias para enfrentar os problemas e resolver as dificuldades. Isso tudo sem precisar fugir.

Acima de tudo, PAZ é criar um clima de harmonia e bem-estar na família e na comunidade, lembrando-se sempre de que onde há amor, há paz; onde há paz, há Deus; onde há Deus, nada falta!

Jesus enfrentou o ódio, a humilhação, a morte para nos dar a paz. Jesus enfrentou os poderes mesquinhos para nos unir. O Seu amor nos uniu e nos une.

O desafio da paz começa nas famílias, chamadas pelo Papa Paulo VI de Igrejas domésticas. Na relação entre marido e mulher, entre pais e filhos, entre irmãos, é preciso experimentar a paz. O ódio destrói e a paz constrói. Uma história familiar marcada pelo ódio destrói a vida e a história de seus filhos. Uma história familiar marcada pelo amor tem o poder de construir uma vida saudável, harmoniosa, iluminada. A paz traz a luz; o ódio traz as trevas. Não queremos a violência, a agressividade. Queremos a suavidade da manhã da Ressurreição. Queremos a paz, a santa paz de Cristo.

É de São Francisco de Assis uma oração muito conhecida, mas que resume magistralmente o conceito de paz.

Oração da paz

Senhor! Fazei de mim um instrumento da
  vossa paz.

Onde houver ódio, que eu leve o amor.
Onde houver ofensa, que eu leve o perdão.
Onde houver discórdia, que eu leve a união.
Onde houver dúvidas, que eu leve a fé.
Onde houver erro, que eu leve a verdade.
Onde houver desespero, que eu leve a
  esperança.
Onde houver tristeza, que eu leve a alegria.
Onde houver trevas, que eu leve a luz.

Ó Mestre, fazei que eu procure mais:
consolar, que ser consolado;
compreender, que ser compreendido;
amar, que ser amado.
Pois é dando que se recebe.
É perdoando que se é perdoado.
E é morrendo que se vive para a vida eterna.

São Francisco nos ensina a combater os vícios por meio das virtudes. Cada virtude vivida é um vício que se vence. O ódio, a ofensa, a discórdia, as dúvidas, o erro, o desespero, a tristeza, as trevas são vencidas pelo amor, perdão, união, fé, verdade, esperança, alegria e luz.

É mais nobre consolar do que ser consolado. É mais cristão compreender do que ser compreendido, e nos faz mais felizes amar que ser amados. Ensina o santo a amar sem medida nesta vida para que nos preparemos com serenidade para a vida que virá depois.

A conquista da paz se dá no cotidiano. É a antecipação do paraíso.

O paraíso que Santa Terezinha assim descreveu, com uma esperança escatológica que nos inspira:

Ó! Qual instante, quanta alegria sem
    turbação
Quando os eleitos aparecerão gloriosos,
Por seu amor receberão em troca,
A eternidade, para amar nos céus...
Depois do exílio, não mais sofrimentos
Mas o repouso da celeste morada.
Depois do exílio, muito além da fé, da
    esperança
Somente a alegria, o êxtase do amor!...

Enfim, a conquista da paz está na ação cotidiana e na obediência ao ensinamento de Cristo. É o seu amor que nos une. Sempre. É o seu amor que nos faz sentir na terra a antecipação do que viveremos no céu. É a paz que é fruto da Cruz e da Ressurreição. Nenhum sacrifício mais é necessário. O Cordeiro Santo já foi imolado. A oferenda agradável a Deus na Nova Aliança é o amor!

›

ORAÇÃO

Senhor, eu Te peço paz.

Paz na minha casa.

Paz na minha família.

Paz em todas as famílias do mundo.

Paz nas ruas.

Paz nas escolas.

Paz nas empresas.

Paz nas praças.

Paz no coração das mulheres e dos homens.

Paz nas igrejas.

Paz nos presídios.

Paz nos hospitais.

Paz nas estradas.

Paz na cidade.

Paz no campo.

Paz no coração das mulheres e dos homens.

Senhor, eu Te peço paz.

Paz no coração das mulheres e dos homens,
porque o Teu amor nos uniu.

A paz é a certeza de que o Teu amor não foi em vão.

Paz, Senhor. Paz, Senhor. Eu Te peço paz.

[12]

Profissão de amor de Pedro

Evangelho de São João

CAPÍTULO 21

15 *Tendo eles comido, Jesus perguntou a Simão Pedro: Simão, filho de João, amas-me mais do que estes? Respondeu ele: Sim, Senhor, tu sabes que te amo. Disse-lhe Jesus: Apascenta os meus cordeiros.* **16** *Perguntou-lhe outra vez: Simão, filho de João, amas-me? Respondeu-lhe: Sim, Senhor, tu sabes que te amo. Disse-lhe Jesus: Apascenta os meus cordeiros.* **17** *Perguntou-lhe pela terceira vez: Simão, filho de João, amas-me? Pedro entristeceu-se porque lhe perguntou pela terceira vez: Amas-me?, e respondeu-lhe: Senhor, sabes tudo, tu sabes que te amo. Disse-lhe Jesus: Apascenta as minhas ovelhas.*

Pedro foi o apóstolo que Jesus escolheu para ser o primeiro chefe de sua Igreja. Diz a tradição que ele tinha um temperamento difícil. Diz a palavra de Deus que ele negou Jesus três vezes. Que ele teve medo. Mas Jesus não escolheu homens perfeitos. O medo de Pedro foi vencido com a chegada do Espírito Santo.

Nesse trecho, já no final do Evangelho de São João, Jesus pergunta a Pedro se de fato Pedro O amava. E Pedro responde sem titubear. Responde que ama o Mestre. Mas Jesus insiste. E insiste novamente. O mesmo Pedro que por três vezes havia negado Jesus, por três vezes afirma que O ama.

Essa pergunta é essencial. E ela é feita hoje para cada um de nós. É como se Jesus nos olhasse nos olhos, o Jesus ressuscitado, e perguntasse se de fato nós O amamos. É Jesus perguntando para você: "Você Me ama?" A resposta parece simples, óbvia. Todos nós haveremos de responder que sim. E se a pergunta se repetir, repetiremos a resposta, e se, pela terceira vez, Jesus nos perguntar, pela terceira vez haveremos de dizer que nós amamos a Jesus. Mas aí surge o desafio. A pergunta e a resposta são teóricas.

E na prática, o que pede Jesus? "Apascenta as minhas ovelhas." Aqui passamos da teoria à prática. "Apascenta as minhas ovelhas." E quem são as ovelhas de Jesus? Já refletimos sobre isso em "O Bom Pastor". Todos nós somos as ovelhas de Jesus. Todos nós somos convidados a apascentar ovelhas e a sermos apascentados por pastores. Parece estranho, mas é simples. Em muitos momentos, somos as ovelhas que precisam de cuidado e, em outros, somos os pastores ciosos, com o poder de cuidar das ovelhas.

Jesus entregava a Pedro a missão de dar continuidade ao Seu ensinamento fundando a Sua Igreja. Mas mesmo Pedro teve de ser cuidado muitas vezes por outros de seus irmãos. Somos simultaneamente pastor e ovelha. Cuidamos e temos de ser cuidados.

Há um belo poema que me foi apresentado que nos fala de coisas fáceis e difíceis. Em certo momento, diz o poeta:

Reverência ao destino

Falar é completamente fácil, quando se tem
   palavras em mente que expressem sua opinião...
Difícil é expressar por gestos e atitudes o
   que realmente queremos dizer.
Fácil é julgar pessoas que estão sendo
   expostas pelas circunstâncias...
Difícil é encontrar e refletir sobre os seus
   próprios erros.
Fácil é fazer companhia a alguém, dizer o
   que ele deseja ouvir...

Difícil é ser amigo para todas as horas e
dizer a verdade quando for preciso.
Fácil é analisar a situação alheia e poder
aconselhar sobre a mesma...
Difícil é vivenciar esta situação e saber o
que fazer.
Fácil é demonstrar raiva e impaciência
quando algo o deixa irritado...
Difícil é expressar o seu amor a alguém que
realmente o conhece.
Fácil é viver sem ter que se preocupar com
o amanhã...
Difícil é questionar e tentar melhorar suas
atitudes impulsivas e às vezes impetuosas,
a cada dia que passa.
Fácil é mentir aos quatro ventos o que
tentamos camuflar...
Difícil é mentir para o nosso coração.
(...)

Lembro-me dos tempos de seminário e das longas reflexões sobre a moral. Quando o poeta fala em mentir para o nosso coração, ele nos chama a atenção para uma questão essencial. Às vezes temos oportunidade de enganar as pessoas, de inventar histórias, de nos desculpar culpando o outro, mas, na solidão dos nossos sentimentos, sabemos que a verdade inventada não é a verdade real.

Há em nós uma centelha divina que é a consciência e que nos aponta o que fazer e como fazer. Um mundo que se baseia no "ter", e não no "ser", é um mundo incompatível com a ética cristã.

Nas famílias e nas escolas, as crianças aprendem muitas vezes a competir. Um quer ser melhor do que o outro. O ensinamento de Cristo é ajudar. É apascentar as ovelhas. O sentimento de inferioridade provocado pela sensação de derrota é desnecessário. Viver é a grande vitória. E viver com ética o caminho para a felicidade.

Santo Tomás de Aquino, o grande pensador da Baixa Idade Média, escreveu muito sobre a ética e a moral, revisitou os textos de Aristóteles e insistiu na tese de que era possível sintetizar fé e razão.

Nesta oração, o santo escreve sobre a retidão, a ética, a vida correta:

Que eu chegue a Ti, Senhor,
por um caminho seguro e reto;
caminho que não se desvie
nem na prosperidade nem na adversidade,
de tal forma que eu Te dê graças
nas horas prósperas e nas adversas,
conserve a paciência,

não me deixando exaltar pelas primeiras
nem abater pelas outras.

Que nada me alegre ou entristeça,
exceto o que me conduza a Ti
ou que de Ti me separe.

Que eu não deseje agradar
nem receie desagradar senão a Ti.
Tudo o que passa torne-se desprezível
a meus olhos
por Tua causa, Senhor,
e tudo o que Te diz respeito me seja caro,
mas Tu, meu Deus, mais do que o resto.

Qualquer alegria sem Ti me seja fastidiosa,
e nada eu deseje fora de Ti.
Qualquer trabalho, Senhor,
feito por Ti me seja agradável
e insuportável aquele de que estiveres ausente.

Concede-me a graça
de erguer continuamente o coração a Ti
e que, quando eu caia, me arrependa.
Torna-me, Senhor meu Deus, obediente,
pobre e casto;

paciente, sem reclamação; humilde,
sem fingimento;
alegre, sem dissipação; triste, sem abatimento;
reservado, sem rigidez; ativo, sem leviandade;
animado pelo temor, sem desânimo;
sincero, sem duplicidade;
fazendo o bem sem presunção;
corrigindo o próximo sem altivez;
edificando-o com palavras e exemplos,
sem falsidade.

Dá-me, Senhor Deus,
um coração vigilante,
que nenhum pensamento curioso
arraste para longe de Ti;
um coração nobre
que nenhuma afeição indigna debilite;
um coração reto
que nenhuma intenção equívoca desvie;
um coração firme,
que nenhuma adversidade abale;
um coração livre,
que nenhuma paixão subjugue.
Concede-me, Senhor meu Deus,
uma inteligência que Te conheça,
uma vontade que Te busque,

uma sabedoria que Te encontre,
uma vida que Te agrade,
uma perseverança que Te espere com confiança
e uma confiança que Te possua, enfim.
Amém.

Ser ético é cumprir a regra básica de Jesus: não fazer ao outro o que não gostaríamos que fizessem a nós. Ser ético é ter responsabilidade pelas palavras e pelas ações. Ser ético é conservar esses valores que o santo traz em sua oração: a paciência, a humildade, a sinceridade, a sabedoria, a perseverança na confiança em Deus.

O Amor Ágape é a essência da ética. Quem ama faz o bem, é ético, é correto. A ética se compreende com a leitura dos textos, com a educação correta e se exercita no cotidiano. É no dia a dia que se percebe uma ação ética, correta, amorosa.

Que sejamos pastores e ovelhas. Que consigamos com humildade apascentar as ovelhas ansiosas, amedrontadas. Que o nosso exemplo seja um sinal de que é possível ter mais apóstolos, mais profetas, mais santos em nossos tempos tão difíceis.

Que nossa palavra e nossa ação apresentem a face misericordiosa de Cristo. Ele está no meio de nós!

ORAÇÃO

Senhor Jesus,
Eu Te entrego a minha vida para cuidar dos meus
  irmãos.
Senhor Jesus,
Eu Te entrego a minha vida para ser cuidado pelos meus
  irmãos.
Em Teu projeto de amor, o Teu amor nos uniu e nos
  enviou para cuidar e ser cuidado.
Fortalece minhas intenções e minhas ações.
Dá-me o Teu Santo Espírito.
Viver é servir. Servir é amar.
Senhor Jesus,
Eu Te entrego tudo o que fui, sou e serei.
Eu quero ser Teu.
Eu quero ser um apóstolo da Tua verdade.
Eu quero continuar a Tua obra cuidando dos meus
  irmãos.
Que minha fé seja viva.
Que minhas obras sejam vivas.
Que o meu amor seja concreto.
Eu sou Teu apóstolo, Senhor.
Inteiro Teu.
Eternamente Teu.
Amém.